U0636375

20堂
家教课
培养孩子的
感恩心

北京市妇女联合会 父母必读杂志社 编著

北 京 出 版 集 团
北 京 出 版 社

图书在版编目（CIP）数据

20堂家教课培养孩子的感恩心 / 北京市妇女联合会，
父母必读杂志社编著． — 北京：北京出版社，2022.5
ISBN 978-7-200-16994-2

Ⅰ．①2… Ⅱ．①北… ②父… Ⅲ．①家庭教育 Ⅳ．
①G78

中国版本图书馆 CIP 数据核字（2022）第028929号

20堂家教课培养孩子的感恩心
20 TANG JIAJIAOKE PEIYANG HAIZI DE GAN'ENXIN
北京市妇女联合会　父母必读杂志社　编著
*
北 京 出 版 集 团
北 京 出 版 社　出版
（北京北三环中路 6 号）
邮政编码：100120
网　　　　址：www.bph.com.cn
北 京 出 版 集 团 总 发 行
新 华 书 店 经 销
永清县晔盛亚胶印有限公司印刷
*
889 毫米×1194 毫米　32开本　3.75印张　72千字
2022年5月第1版　　2023年7月第3次印刷
ISBN 978-7-200-16994-2
定价：28.00 元
如有印装质量问题，由本社负责调换
质量监督电话：010-58572393

前　言

心怀感恩，与爱同行

围绕建党百年，北京市妇女联合会、北京市教育委员会于2021年共同推出"感恩，与爱同行"的家庭教育主题，聚焦感恩教育，挖掘感恩内涵，在家庭教育中引导孩子颂党恩、传家风，厚植爱党爱国爱家的家国情怀。

感恩是什么？在成人眼里，感恩是一种回报。在孩子眼里，感恩变得更具象。感恩是给妈妈自己最心爱的红豆馅面包；是请外婆吃一顿大餐；是和好朋友一起玩玩具；是说一声谢谢，送一个拥抱和微笑……可见，每个人对感恩的理解不尽相同。感恩，因爱而生。

感恩的对象其实不仅仅是直接有恩于你的人，还有更多默默无闻，为他人、为社会奉献的人，比如维护环境的环卫工人、辛勤劳作的农民、保家卫国的军人、攻坚克难的科研人员……特别是自新冠肺炎疫情发生以来，始终冲在抗疫一线默默坚守的医护人员、警察、社区工作者、志愿者等，他们都值得我们心怀感恩！

培育孩子永怀感恩之心，做感恩的践行者，是给孩子最好的成长礼物。我们邀请了不同领域的专家学者和不同职业的家庭成员一起解读感恩教育、分享感恩故事，编写了20堂家教课，从对感恩内涵的理解到具体方法的指导，帮助家长发现家庭教育中感恩教育的素材，让孩子学会用感恩之心面对生活，分享幸福。

在专家解读篇中，首都师范大学教师教育学院教授、博士生导师田国秀，中国青年政治学院教授陆士桢，北京特级教师孙蒲远，北京语言大学教授方铭，重庆师范大学教授赵石屏，清华大学社会科学学院院长彭凯平，北京外国语大学原对外汉语系主任、北京中外文化交流研究基地研究员孟德宏，北京师范大学教育学部教授、博士生导师苏君阳，中国科学院心理研究所研究员、博士生导师张梅玲，北京师范大学教授、博士生导师陈会昌和首都师范大学副教授刘晓晔，从专业的角度解读了感恩教育的内涵，拓宽了家长对感恩教育理解的深度和广度。

在故事分享篇中，《觉醒年代》导演张永新，中国人民解放军空军后勤部蓝天幼儿园园长薛小丽，中国科学院计算技术研究所研究员、博士生导师王元卓，北京然尔阅读公益发展中心创始人段英，青少年博物馆公共教育推广人朋朋哥哥，北京电视台主持人春妮，北京同仁医院感染科副主任、呼吸与危重症医学科主任医师金建敏，北京市城市规划设计研究院弘都公司首资市政与资源规划二所副所长王伟强和北京市西城区新街口街道安平巷社区党委书记王雪梅，讲述了如何在家庭和生活中践行感恩教育，分享感恩故事。

感恩教育是孩子成长中的一堂"必修课"。让我们一起培育感恩美德、涵养感恩家风、践行感恩行动，共同帮助孩子永怀感恩之心，为孩子健康成长、全面发展打好坚实的人生底色。

心怀感恩，我们在行动；与爱同行，让生活更美好！

《20堂家教课培养孩子的感恩心》编写组

目录

专家解读篇

第一课
田国秀：培养懂感恩的孩子的关键词

受访人 | 田国秀（首都师范大学教师教育学院教授、博士生导师）

打动孩子的感恩教育一定是有故事性和深刻精神内涵的，这些不仅是父母在做感恩教育时要下的功夫，也是父母的职责所在——在满足孩子的物质需求以外，更要丰富孩子的精神世界，给孩子提供精神滋养。首都师范大学田国秀教授从尊重和情感两个关键词出发，分析了如何发现感恩教育的素材，如何在生活中培养一个懂感恩的孩子。

第一个关键词：尊重

感恩的第一个关键词是尊重，即关注我们身边的每一个个体，尊重他们的付出，这个尊重的背后就是感恩的体现。

感恩不只是"投我以桃，报之以李"

孩子所理解的感恩是极其具体的，比如感恩照顾他的妈妈、给他做饭的姥姥、送他上学的爸爸、带他做游戏的老师……孩子对感恩的表达直接而简单，比如把幼儿园的糖果带回家给妈妈，和好朋友一起分享玩具，或者是对他人说一句"谢谢"。所谓"投我以桃，报之以李"，也就是说谁对我们有恩，我们就心怀感恩或者通过实际行动回报他们。这个层面的感恩更多是一种本能性的，包括动物可能都有。比如常说的"小狗对主人很忠诚"这句话，其实就带有一些感恩的意味。因为主人照顾它，所以它通过忠诚来回报主人。但是，除了让孩子要感恩为我们直接提供帮助的人以外，还应该关注到身边的每一个个体。

尊重每一个人的付出，尊重的背后就是感恩

从社会生活的角度看，每个人都不能离开他人而独立存在，虽然有些人没有直接为我们提供帮助或服务，但正是有他们在工作岗位上的付出，才能保证我们的生活有序开展。当我们带孩子去超市买东西时，可以给孩子讲一讲，之所以能在超市里买到西瓜，离不开种植和管理西瓜的农民伯伯，离不开把西瓜运到超市的货车司机，还有保证路途畅通的交警、超市里的理货员等。让孩子意识到虽然这些人没有直接有恩于我们，但我们同样应该对他们心怀感恩，正是因为每个岗位上的人都兢兢业业做好了自己的本职工作，我们才能享受到便捷的服务。

从国家的角度看，我们常说"为生活在这样一个伟大的国家而感到幸福"，要让孩子知道这份幸福离不开无数革命先烈，离不开参与新中国生产建设的劳动者，离不开我们身边的服务者，他们都是时代的建设者，都在为实现伟大的目标努力奋斗。感恩的本质是责任，有索取更要有回报。

第二个关键词：情感

感恩的第二个关键词是情感。从某种意义上说，感恩的背后一定是包含情感元素的，要让孩子把感恩意识内化为行为准则需要情感的催化。

用好情感催化剂，让感恩成为个人的行为准则

无论家庭教育还是学校教育，都要让孩子认识到感恩是一种美德，要做一个懂得感恩的人，这是从认知层面对感恩的强化。如何把认知变成孩子的行为准则，中间必须要有一个重要桥梁——情感，情感是不可或缺的催化剂。对孩子进行感恩教育时，要积极主动地寻找并加入情感元素。情感感化更容易在家庭中实现，因为家庭是靠血缘关系和情感纽带维系的，父母要抓住机会对孩子进行情感熏陶，帮助孩子把感恩融入到行动中。

田老师举了一个自己的例子。有一次，田老师在看一档名为《艺术人生》的节目，这期节目邀请的是著名作曲家谭盾、钢琴家郎朗和交响乐指挥家余隆。主持人提了一个问题："你所从事的音乐艺术跟我们的祖国有什么关系？" 3 位音乐家不约而同地说，当演奏中国乐曲的时候，内心的自豪感和幸福感油然而生。尤其是余隆，谈到在天坛大殿指挥来自世界各地的音乐家演奏中国乐曲的时候，深刻感受到正是因为祖国的强大，中国的乐曲才有机会被更多人听到。看这个片段的时候，田老师潸然落泪。坐在一旁的儿子问她："妈妈，您为什么哭了呀？"田老师回答："我被他们的故事感动了，他们为伟大祖国感到自豪的这种情感也唤醒了我对祖国的感情。"说完这些，田老师并没有结束和儿子的对话，而是继续告诉他："你即将去国外留学，我希望你也开始思考一个问题，未来你的求学之路和这个国家有什么关系。""这个问题我需要想一想。"田老师的儿子回答。"我希望将来你被问到这个问题时，会说是希

望用你所学的东西为这个国家做一点儿事情，不一定是惊天动地的大事，却是可以回馈国家的。"这段对话就像一颗种子种在了田老师儿子的心里，他时刻都牢记着要热爱自己的国家，肩负对祖国的责任。田老师说这算是一次有效的爱国主义教育。父母自身的真情实感才能打动孩子，这也是父母对孩子进行感恩教育的前提。

保持对生活的热爱，让感恩教育更动人

如何调动父母的情感，发现这些感恩教育的契机呢？最根本的是父母自身要保持对生活的热爱，心怀感恩。只有热爱才能欣赏世界的丰富多彩，才能捕捉到不经意的美，才能在日复一日的生活里过得有滋有味。父母以这种状态生活，才能打动孩子，才能把感恩的情感传递给孩子。

心怀感恩，也是在搭建个人的社会支持系统

心怀感恩是一个帮助孩子搭建社会支持系统的有效工具。简单来说，只有你愿意帮助别人，别人也才愿意帮助你。说到社会支持系统，有些父母可能会感到陌生，其实就是当我们遇到困难的时候，可以求助的对象和可调动的资源。在孩子遇到困难的时候，父母可以为孩子提供无条件的帮助和支持，但父母只是孩子社会支持系统的一部分，而且父母只能陪伴孩子一段时间，孩子完整的成长离不开社会中的很多人。为此，父母的一项重要任务就是帮助孩子学会与他人相处，积极主动地帮助孩子与社会建立连接，稳固孩子的社会支持网络。

"尊重＋情感"——感恩教育蕴含在生活之中

田老师提到她看到过一个短视频，内容是2021年6月18日的北京朝霞，分别是在故宫、北海和颐和园等几个地方拍摄的。恢宏壮观的画面配上《我爱你，中国》的优美旋律，是一场视觉和听觉的双重盛宴。看到这个视频，田老师很受触动，产生了强烈的情感共鸣，立即分享到了朋友圈，并留存打算给3岁多的小孙女看。田老师说如果她的小孙女看到这个视频后问"这是哪里""怎么这么漂亮"。那么，她就能借此机会给孩子讲一讲故宫的角楼、北海的白塔和颐和园波光粼粼湖面上的十七孔桥，也一定会说到这样的美景离不开我们对整个生态环境的保护，让孩子了解到每个人为了保护环境而做出的努力，形成她对这些人的尊重和感恩意识。另外，这个视频的背景音乐是《我爱你，中国》，这首歌最早是归国华侨叶佩英演唱的，是电影《海外赤子》的插曲，田老师说可以找来叶佩英的原唱版，重温一下这部老电影，和孩子一起分享看电影的感受，还可以结合电影放映的年代，给孩子讲讲自己的成长故事和那个年代发生的国家大事。这样一来，一个短视频承载的意义就不仅停留在欣赏的层面，而且变成了一次很好的感恩教育契机。

感恩教育的素材在生活中无处不在，关键在于父母要用好"尊重"和"情感"这两个关键词，以生活为载体，把感恩教育更加丰富的内容介绍给孩子。打动孩子的感恩教育一定是有故事性的，而故事性的营造就需要父母调动自己的情感，融入自己或他人的经历。讲给孩子的内容一定要有深刻的精神内涵，把对他人的尊重作为最基本的价值观蕴含其中。

第二课
陆士桢：家庭生活中的感恩教育

受访人 | 陆士桢（中国青年政治学院教授）

家庭中的感恩教育是渗透在日常生活中的，具有零散性和随意性，所以父母特别需要注意自己的言行，通过点点滴滴的日常生活细节体现自己的感恩之心，给孩子提供积极正面的引导。中国青年政治学院陆士桢教授特别分享了感恩的内涵，并从家庭的具体生活场景出发，多角度分析了如何对孩子进行感恩教育。

从孝文化开始谈感恩

谈及感恩，我们首先容易想到的就是父母之恩，引导孩子先从感恩父母开始做起，其实也呼应了中国传统文化中一直强调的孝文化。从这个层面看，感恩教育本身就是中国传统文化的一部分。那么，孝文化是如何体现和表达的呢？

首先，孝本身就是一种行为层面的感恩，孝顺就是对父母的养育有感恩意识。其次，孝也强调心理上的抚慰，不仅要关注父母的物质生活，更要关注他们的精神状态和情感需求，比如常回家看望父母，耐心地陪父母聊天。

从3个角度理解感恩

除了感恩父母，感恩的内涵还包括朋友之间的知遇之恩、邻里之间的互助之恩等，这些共同构成了感恩教育的不同维度。我们可以从以下3个角度理解感恩。

感恩是一种价值观

这种价值观集中体现在中华民族精神的代代传递上，尤其是对革命先烈和仁人志士的尊重与感恩，"共和国勋章""七一勋章"的授予、建党百年庆祝活动，体现的就是这种价值观的传递。

感恩是一种情感

我们对先人和革命前辈的努力与付出心怀感恩，其中蕴含的是一种温暖、厚重的情感。

感恩是一种行动

对需要感恩的人或事，我们要通过行动传递感恩之情。

可见，感恩有着非常全面的内涵，是价值观的体现，是情感的表达，需要付诸行动，对孩子进行感恩教育特别有必要。

家庭生活中的感恩教育这样做

以身作则，为孩子提供积极正面的引导

感恩教育是学校教育的重要组成部分，这是系统化的感恩教育，而在家庭中进行的感恩教育是渗透在日常生活中的，有零散性和随意性的特点，所以父母要特别注意自己的言行，通过点点滴滴的日常生活细节表达自己的感恩之心，给孩子提供积极正面的引导。

陆老师提到2021年7月1日当天，她有幸参加了建党100周年的庆祝活动。在100响礼炮响起的时候，陆老师说她想到了那些年轻的革命先辈为了今天的盛世中国流淌的鲜血，付出的生命，不由自主地热泪盈眶，心怀感恩之情，同时也更加深刻地体会到了国家的强大和中华民族的凝聚力，充满自豪感。陆老师认为这种自然的情感流露，通过与孩子交流，孩子一定感受得到，这就是日常生活中对孩子最好的感恩教育的引导方式。生活中还有很多类似这样的教育契机，父母要抓住时机，将感恩教育渗透在生活的方方面面。

良好的亲子关系，是感恩教育的前提

对于低年龄段孩子的感恩教育，一般都是从父母和身边的人开始的，只有孩子对父母充满感恩，才能逐渐产生对他人、对社会、对国家的感恩之情。良好的亲子关系的建立，有助于孩子感恩情感的培养。但是，在现实生活中，很多父母把社会的竞争压力转嫁到孩子身上，也就是我们现在所说的"鸡娃"，即只关注孩子的学习成绩，不关注孩子本身，希望孩子获得世俗的成功，不尊重孩子的个性化发展。"鸡娃"最容易影响亲子关系，孩子可能会对父母产生不信任感，甚至是抱怨或怨恨，当亲子关系处于这种状态时，感恩教育就更无从谈起了。

另外，很多孩子的物质生活富足，但是精神层面却很荒芜，建立良好的亲子关系要求父母必须要关注孩子的精神需求，为孩子提供高质量的陪伴。陪伴不是简单地和孩子在一起，而是要真正地、全身心地了解孩子，和孩子平等地交往、沟通。只有真正走进孩子的内心，才更容易在亲子交往中融入感恩教育。

积极主动地思考，明辨是非

只是一味地告诉孩子要感恩也是不行的，要引导孩子主动思考，才能让孩子真正懂得为什么感恩，以及该如何感恩。陆老师提到有一次她到朋友家吃饭，听到父子俩正在讨论海因兹偷药的故事。这个故事主要讲述了这样一件事：海因兹的妻子得了一种特殊的癌症，生命垂危，只有一种药能救她的命，但是海因兹经多方求助，还是买不起这种药，而且药剂师也不肯便宜出售或者让他先赊账，最后海因兹走投无路，在夜深人静的时候，从药剂师处偷走了药……这是一个经典的道德两难的故事，海因兹该不该偷药，为什么。经过多番的"唇枪舌剑"，孩子最终意识到即使有苦衷，做出这种违法行为也是不可取的。但讨论并没有到此结束，父亲接着问孩子："为了避免这样的事情再次发生，该怎么办呢？"这时候孩子回答："我需要上网查查资料，咱们明天接着讨论。"

陆老师认为这种亲子之间的讨论特别有意义，对孩子来说，这是一次法治观念的洗礼，相信经过他主动地思考和查找资料，正确的观念会一直根植在孩子的心里。感恩教育也应如此，要主动引导孩子积极参与讨论，让孩子树立感恩意识，并付诸行动。生活中这样的讨论可以随时开展，比如和孩子一起讨论重大灾难事件中逆行者的故事，探讨他们为了什么而行动。这种参与和讨论，也是父母和孩子进行平等沟通、友好相处的方法，有助于建立良好的亲子关系。

积极参与社会志愿活动，树立家国情怀

儿童、青少年是肩负着民族复兴重任的一代人，父母要从

现在起就着重提高孩子的公民意识，培养他们对国家和社会的责任感，树立家国情怀。所以，陆老师特别提倡孩子积极参与社会志愿服务，在服务他人、服务社会的过程中体会到帮助别人的快乐，也感受到来自他人和社会的温暖，这种快乐和温暖会推动孩子感恩意识和责任感的建立。在参与志愿服务的过程中，孩子也能认识新的伙伴，拓展自己的生活，思考和寻找生活的意义。

在参与志愿服务之前，父母要首先明确志愿服务的几个重要特征，把志愿服务和家务劳动区别开来。志愿服务的第一个特征是公共性，即它是为社会提供公共服务的；第二个特征是无偿性，即它是无偿的公共服务；第三个特征是志愿服务是有组织的。所以在日常生活中，除了让孩子学会自己的事情自己做，积极参与家务劳动以外，还要鼓励孩子积极参与志愿服务，比如参加社区组织的环境治理活动，帮助居民进行垃圾分类，也可以带孩子到敬老院探望老人，给老人表演节目，还可以进行力所能及的野生动物保护行动，给偏远地区的小朋友写鼓励信。如果孩子还小，父母可以自己先在志愿者服务平台进行注册，积极参与志愿服务，在服务的过程中带上孩子共同参与，这也是一种不错的方法。当然和成人不同，孩子的志愿服务必须遵循力所能及的原则，要特别尊重孩子的自我选择，同时还必须时时刻刻从每一个细节上注重对孩子的保护。

第三课
孙蒲远：用故事做好感恩教育

受访人 | 孙蒲远（北京特级教师）

感恩教育一直是学校重视的教育内容之一，而孙蒲远正是一位在学校里和孩子们打了一辈子交道的人。孙蒲远从1961年开始从事教育工作，是教育专家、特级教师，因工作成绩突出，先后获得全国少先队优秀辅导员、北京市先进少年儿童工作者、北京市紫禁杯优秀班主任特等奖等荣誉。从北京史家教育集团退休后，孙蒲远还一直被学校邀请给年轻教师分享教育理念和经验。她是如何看待感恩教育并在学校中践行的呢？

父母要说出爱的故事，让孩子学会感恩

孙老师认为让孩子学会感恩，首先就是要学会感恩自己的父母，这是中华民族的优良传统和美德。父母爱孩子，同时孩子也爱父母，这样的爱才算得上是完整的爱。只有父母对孩子单方面的爱，是不完整的。想让孩子学会感恩父母，可以从讲故事开始，只有故事才能打动孩子，不是讲别人的故事，而是父母把他们爱的故事讲给孩子听，因为了解父母之爱，体谅父母的不容易是让孩子懂得感恩的第一步。

现实生活中，很多孩子只感受到了爸爸妈妈对自己的严格

要求，并不认为父母是爱自己的，至少没有感受到父母的爱。孙老师提到在学校工作的时候，她开展过很多次感恩主题的班会，目的就是希望给父母和孩子提供一个情感交流的机会和平台，让父母通过具体故事，告诉孩子爸爸妈妈是爱他们的，同时也让孩子了解到爸爸妈妈的不容易。

孙老师说在这样的主题班会前，她都会和家长一一沟通，启发、指导他们讲什么样的故事。其实事情都很平常，比如孩子生病的时候家长如何着急、如何夜里带孩子去医院看病等，但是这些故事孩子平时是听不到的，所以，即使家长在班会上讲这样平常的故事，很多孩子还是听哭了。

一枚针头

开感恩主题班会是孙老师当班主任时的传统，在退休之后，她也带领两个年轻的老师分别开过这样的主题班会，其中有一位李娟老师主持的感恩班会还是北京市的公开课。那次，在李娟老师的班会上，有个孩子的妈妈分享了自己的故事：当时孩子生病住院，妈妈一直在医院寸步不离地陪护，后来孩子打了一针之后终于度过了危险期，妈妈一颗悬着的心才算放了下来。妈妈一直保留着这枚救了孩子一命的针头，并且带到了班会上。这枚小小的针头包含着一位母亲当时的焦急、心碎、担忧以及后来的如释重负，这就是爱的象征，所以孩子们听哭了，当时很多来听课的老师和家长也不禁动容，眼含泪水。

一张相片

当时的这堂公开课偶然间被中央电视台的一位导演看到了，她提出希望录制一期感恩主题班会的节目。当时中央电视台的工作人员跟孙老师沟通的时候，距节目录制只有9天的准备时间了，很紧张，孙老师赶紧找到另一位年轻的班主任王瑾老师，和她一起讨论、设计整个班会的流程。

孙老师提到当时还有一个担心，在电视台录节目，现场会有很多摄像机和工作人员，还要被几十盏聚光灯照着，参加班会的孩子和家长会不会受到影响，不容易流露真情，进而影响到班会的效果呢？于是，孙老师和王老师决定在故事上下功夫，逐个给家长打电话，启发他们找更具体、更打动人的细节，甚至还请一些家长到学校来，和他们当面聊。

孙老师说她记得当时有个男孩的爸爸一直在国外工作，一去就是5年，虽然他无法每天陪着孩子，但是在他的办公桌上一直摆放着孩子的照片。这张照片饱含着一位父亲对孩子无比的想念和爱，也寄托着他完成不了但向往着与孩子一同成长的心愿。在录制现场，这位父亲讲了这个故事，孩子们听得很入迷，不仅是这个孩子，很多其他孩子和家长也哭了，他们是真的被故事打动了，完全忘了还有无数摄像机和灯光对着他们。

让孩子认识到父母值得尊敬

让孩子感恩父母，也要让孩子认识到父母是值得尊敬的。那时候孙老师经常给学生们讲著名摄影家焦波的故事。焦波在北京工作，当时交通不便，但他每个月都要回山东老家去看望父母，每次回家都给父母照相，而且专门为这些照片出了一本书，叫作《俺爹俺娘》，封面上用的就是两位农村老人朴实的照片。之所以讲这个故事，孙老师就是希望孩子们认识到，无论自己的爸爸妈妈是什么样子的，都值得尊敬。

多年前，孙老师的班上正好有一个学生家里情况很特殊，他的妈妈没有工作，平常就靠糊纸盒为生，但是糊一个纸盒才挣几角钱，家里生活特别困难。有一天，他上学前没有吃早点，妈妈就给他买了一张油饼送到学校，结果他看到妈妈后，立刻把她赶走了，嫌妈妈给他丢人。孙老师知道后，和他谈了很久的心，还组织班里的孩子们一起去他家，帮他的妈妈一起糊纸盒，孩子们都干得热火朝天，还赞美他的妈妈手巧，家里也打扫得很干净……这个孩子的心结一下子就解开了，也意识到糊纸盒并没有什么丢人的，是在靠辛苦的劳动挣钱。从此以后，这个孩子就特别关心妈妈，有好吃的让妈妈先吃，妈妈生病了会悉心照顾，对妈妈特别尊敬。

爱国主义教育如何做

感恩父母是一个人的道德底线，这是孩子爱集体、爱祖国的情感基础。如果一个人连自己的父母都不感恩，那他怎么会热爱自己的国家呢？在学会感恩父母的同时，可以通过让孩子感受祖国的壮丽山河、风土人情等方式认识祖国，从而热爱祖国。当时孙老师在课堂上的做法是，让每个孩子都找爱国方面的格言或者名句，在班会上念一念，然后分享自己的感想，说一说自己应该怎么做，在潜移默化中让孩子将爱国情感付诸到实际行动中。

学生的感恩，是老师最大的荣誉

孙老师说她当了一辈子的老师，她的母亲也是老师，她的儿子现在还是老师。孙老师提及她们家的这种传承，以及她树立以教师为职业的理想，都和母亲讲过的一个故事不无关系。有一天，孙老师的母亲正走在大街上，一个骑着马的高级军官突然下马，走到她面前，恭恭敬敬地向她行了一个军礼，说了一声"老师好"。孙老师说她的母亲教过那么多学生，根本不记得他是谁。但这个故事让孙老师深刻地感受到了，教师是一个多么令人尊敬的职业！而学生的感恩，也许正是无数教师安守职业、从不计较个人得失的最大动力源泉。

在学生们的心里，孙老师是一个知识渊博的人，是一个会讲很多很多好听的故事的老师，是一个能用故事把他们说服的人，所以学生喜欢上她的课，也喜欢孙老师，他们也在孙老师的故事中受到滋养，懂得了感恩。孙老师的很多学生都在毕业后的很多年中回学校看望她，等她退休后，他们就来家里探望。孙老师提到在她的教学生涯中，得过太多荣誉，但她觉得最大的荣誉、最值得骄傲的，仍然是一批批的学生和家长感谢她、记得她、爱着她。

第四课
方铭：感恩是忠恕之道的基本内容

受访人｜方铭（北京语言大学教授）

在传统文化中，是如何理解和诠释感恩的？北京语言大学教授方铭老师告诉我们，对他人有恻隐之心是进行感恩教育的前提，如果只是简单地把感恩教育理解为付出与回报的关系，将来就会面临很大的风险。

关爱一切人和物是我们应该具有的人生态度

我们今天提到的感恩，主要说的是要对关心和帮助过我们的人怀有感激之情，并尽自己的能力回报他们。在一生中，我们会接触到无数人，对我们提供帮助的人几乎是没有办法计算的，甚至有些人帮助过我们，我们一点儿也没有察觉，因此，善待所有人是我们最基本的感恩态度。

同时，我们人类生存所必需的，比如空气、阳光、水、食物等，是大自然的馈赠，这些馈赠的重要程度甚至超过了人类同伴提供的一切帮助。这些馈赠是我们生存的前提，但这样的恩情我们根本没有办法回报，而大自然也不需要人类回报，我们提倡爱护环境，就是希望人类能尽可能地少消耗这些大自然的馈赠，让我们的后代能在一个更好的环境中繁衍下去。所以，严格地说，感恩可能并不需要针对具体的人和物，而应该是针对一切人和物。

其实，爱子女是人的动物性的一种体现，世界上所有动物都爱自己的孩子，但人类与动物之间有一个很大的区别，即人类不仅爱自己的孩子，还知道尊老，这也是人类文明的一种重要标志。尊老是感恩教育的一个方面，但更重要的是尊老是体现人类文明高度的尺度。

感恩父母是感恩教育的起点

《论语》说："孝悌也者，其为仁之本也。"一个人出生以后，首先接触的是自己的父母兄长，爱父母是孝，爱兄长是悌，通过处理与父母兄长的关系，学会爱人，步入社会以后，把这种爱的能力推广，就可以达到"老吾老以及人之老，幼吾幼以及人之幼"。

父母给了我们生命，毫无疑问，回报父母应该是感恩的重要内容。孔子提出"三年不免于父母之怀"，即孩子从出生到3岁的这段时间里，都需要父母的精心照顾。从这个角度看，父母对孩子是有恩的，等孩子长大以后，需要感恩父母，并用自己的实际行动回报父母。所以，孔子又提出了"三年之丧"的概念，即父母去世之后，做子女的要服丧三年，以表达哀悼之情。服丧不到三年，是违背礼仪的；但是如果服丧超过三年，同样是不合礼仪的。我们经常对加重服丧之人说以礼制情，节哀顺变，就是兼顾情感与礼仪，既适度表达了哀思，又不会因为哀思过度而丧失未来。因此，周礼中的丧礼，根据血缘关系的远近规定服丧的期限，是体现了"中庸"的高境界的，中庸就是一切恰到好处。

爱父母比感恩父母更重要

如果从孔子及原始儒家的价值体系去看，爱父母比回报父母或者感恩父母的内容要深刻、深远得多。父母生养子女，子女孝敬父母，实际体现的是仁义之道的内容，而不能简单地归于感恩。

仁者爱人，里仁为美，居仁由义，义者宜也。仁就是对一切人和物的悲悯之情和恻隐之心，里仁就是居仁，君子居仁。做自己应该做的事情即义，义就是天下之大道。父子亲、夫妇顺，父慈子孝既体现了仁的内涵，又是义行的基本内容，因此，我们应该从义的角度去理解父子之间的关系，而不应该停留在感恩的层面。一个孩子不知道孝敬父母，不仅仅是我们平常说的"白眼狼"，而且是违背了义。如果从感恩的角度去理解，如果父母不养育子女，或者子女因为父母没有尽到养育之恩或养育得不够完美而不去孝敬父母，似乎都是没有理由谴责的。但如果站在仁心和义行的高度，父母应该爱自己的孩子，孩子应该孝顺自己的父母，这是双方都应该履行的义务。也正因此，在我们现行的法律规定中，亲子关系是无法断绝的，即父母和子女之间的义务不因为父母的不慈和子女的不孝而改变。父母不能因为子女身体、智力、情操等的瑕疵而抛弃子女，子女也不能因为父母没有尽到养育责任、养育的效果或者没有达到最完美的养育而不尽赡养义务。

因此，如果只从感恩的角度理解亲子关系，会存在很大的人伦风险。孔子提到"鳏寡孤独废疾者，皆有所养"，这说明爱人是义务和责任，而不一定是为了回报。在这个社会上有的人能力强，有的人能力弱，能力强的人要给能力弱的人提供一个符合人的体面的生活，这也是人类文明的一个尺度。弱肉强食，嫌贫爱富的生活态度，不应该是健康的社会所应该有的心态。

感恩是忠恕之道的必然要求

孔子曾经说他的道可以用"恕"字一以贯之，又说一个人一生应该坚守"忠恕"二字。忠是尽己之道，恕是推己之道，尽己所能，推己及人，是"好人"和"有良心的人"的基本要求。

感恩实际上是忠恕之道的必然要求。作为父母，尽己所能关心和爱护子女，作为子女，尽己所能关心和爱护父母，这就是尽忠职守。做好父亲和儿子的本分，就是实现了父慈子孝。父母关怀爱护子女，除了养育以外，可能更重要的是教育自己的子女走上正道。子女关心父母、爱护父母，可能更重要的是照顾的责任。当然，子女如果没有得到父母的关怀，也要体谅父母的难处；子女没有能力给父母更多照顾，父母也需要体谅子女的难处。

同样，夫妇、兄弟、师生、朋友之间的关系，最完美的也是互相之间尽自己应尽的义务，尽心竭力为他人谋求幸福。当然，亲子与夫妇、兄弟、师生、朋友之间的角色定位不同，不能把父母爱护自己子女的方式用在其他场合。

感恩应该论心不论迹

"百善孝为先，论心不论迹，论迹寒门无孝子；万恶淫为首，论迹不论心，论心世上无完人。"这句话是古代人说的，非常有智慧。

论孝重在孝心，论淫重在行动。父母养育子女，子女孝敬父母，重在尽己所能。贫困的父母和富贵的父母给子女提供的成长环境是不同的，同样，贫困的子女和富贵的子女提供给父母的照顾也是不同的。

评估孝心，重要的是心中有父母，并尽己所能照顾父母。父母挤公共汽车和坐豪华汽车哪个更幸福呢？如果从结果看，肯定是坐豪华汽车比挤公共汽车更舒服，但有些子女生活困难，只能照顾父母挤公共汽车，有些子女生活富裕，开豪华汽车接送父母，其实这都是有孝心的体现。

感恩教育也需要恻隐之心

孟子说："无恻隐之心，非人也。"又说："恻隐之心，仁之端也。"对所有人心怀恻隐之心，比孝心更广阔和高大。我们看见一个很可怜的人，觉得如果不帮助他自己心里会感到不安，因此我们会尽自己的能力去帮助他们，当然这个帮助不是说需要你倾其所有，因为你还需要照顾你的父母、孩子等，你还需要生存，如果倾尽所有，也许你和你的父母、孩子就变成了一个需要别人来照顾的人了。因此，如果你自己本身可怜，也不要想着别人倾其所有来帮助你，也不能寄托于别人帮助你。因为有的时候别人不知道你需要帮助，有的时候别人想帮助你，可能并没有能力帮助你。你如果觉得自己可怜，也要知道他人也可能是可怜人。世上不如意事常八九，不如意的人也是常八九。帮助别人是恻隐之心，不强求别人帮助也是恻隐之心。帮助别人是恕，不强求别人帮助也是恕。

感恩教育是一种言传身教

儒家思想在我国备受推崇。但是，在历史上，还有其他各种思想，比如法家思想，强调人和人之间是利益关系，而不是仁义或者道义关系，施恩者选择对自己有用的人施恩，希望将来得到回报，这在古代叫"市恩"，即把爱人不是看作一个人必须坚守的信仰，而是看作一个有利可图的投资。同样，受恩惠的人把施恩者看作阴谋家或傻子，把感恩看作愚蠢的行为，有的人不感恩，甚至恩将仇报。这样的现象在现代社会也是屡见不鲜。

自己对他人好，就要求对方也要对自己好，凡事都要求回报，这种行为和不感恩的人一样，都是小人行为。

同样，一个施恩者不要求回报，但一个受人恩惠的人，则应该时刻牢记着自己的恩人，应该尽己所能去报答和感谢他。当然，我们常说"大恩不言谢"，有些恩情是你可能一生都没有能力也没有机会报答的，但你心中应该常怀感恩之心，并把这种感恩传承下去。

事实上，如果大家都做关怀和爱护他人的施恩者，社会就会变成一个"好人"社会，每一个人和他的亲友都会是受益者。

千言万语，如果我们把感恩看作建设一个美好社会所必需的因素时，我们的感恩可能不一定是具体的对待某一个人，而是我们所看到的一切人。我们对一切人贯彻忠恕之道，也就是怀有感恩之心。我们常怀感恩之心，就会影响我们的子女和学生。所以，感恩是一种言传和身教。有些父母不孝顺自己的父母公婆，那么，很有可能你的孩子以后也不知道怎么样孝敬父母，所以，做父母的一定要首先知道感恩，不要让自己变成"狼孩子"，也不要让自己变成"坏人"。

第五课
赵石屏：德于我，不可忘；德于人，不可不忘

受访人 | 赵石屏（重庆师范大学教授）

赵石屏老师的母亲刘世琮在西南联大求学期间，文学老师是闻一多，思想史老师是冯友兰，历史老师是顾颉刚，古汉语老师是王力，数学老师是华罗庚，体育老师是马约翰……皆是举世闻名的大师。在赵石屏老师的回忆中，母亲锦心绣口，出口成章，闪烁着现代知识女性的智慧光芒，但更是秉承着儒家的博学约礼与宽厚仁慈。谈及感恩这个话题，让赵石屏老师感受最深刻的，还是母亲留给她的一句话：德于我，不可忘；德于人，不可不忘。在赵石屏老师看来，如果能按照以下标准去培养一个孩子，就是最好的感恩教育。

成为"有大德者"

赵石屏的母亲多次告诉子女什么是"首孝悌，次见闻"，强调人品是第一位的。心要正，意要诚，凡事恕己及人、反求诸己。还反复叮嘱子女："德于我，不可忘；德于人，不可不忘。"意思是说，别人对你的好不可以忘记，要知恩图报，而你对别人的好不要记住，助人是自己的德行所为，不是为了别人报答。

这句话源自《古文观止》中的"人之有德于我也，不可忘也；吾有德于人也，不可不忘也"。赵石屏老师说，古文底蕴深厚的母亲将它进行了简化，更容易作为赵家关于感恩观念的家风传承。

古人云，大德者必受命。赵石屏形容母亲就是"有大德者"。赵老师提到有一件事情让她印象尤为深刻。当时赵老师和父母在学校居住，有一天，学校传达室说有人找赵老师的母亲，当时赵老师的母亲生病在床，所以就让赵老师下楼去接他们。看到这两个衣衫破旧、满面愁容的人的时候，赵老师的母亲也愣住了，半天才想起来他们是远房亲戚，此次是来大城市看病的。赵老师的母亲赶紧嘱咐家人给他们做饭，并腾出一间屋子给他们住，其实当时赵老师的母亲已卧病在床，需要静养，赵家的居住环境也不是很宽绰，赵老师几次提出可以安排亲戚住在外面，母亲都轻轻摇头表示拒绝，坚持让亲戚像家人一样住在家里。她后来告诉赵老师："他们肯定是走投无路才来找咱们的。你外婆当年遇到困难的时候，曾受过他们的帮助，所以这时候肯定要帮他们一把。"

赵石屏老师说，这就是母亲传递给她的感恩观念：滴水之恩当涌泉相报。感恩是不能物化的，如果非要物化，那么就应该用"滴水"和"涌泉"去衡量，而不是所谓等价交换。所以赵老师建议在今天对孩子进行感恩教育时，一定要注意打破这种物化概念，不要让孩子认为，感恩是交换、是回报，而应该知道，感恩是一种情感，它是发自内心的、基于德行的一种做人准则。

成为"有福的人"

赵石屏老师记得父亲晚年重病卧床，母亲不辞辛劳，悉心照料。父亲心疼母亲，说母亲太劳累了，母亲一面给父亲搓着失去知觉的脚背，一面轻轻说道："妈（赵石屏的外婆）说过，能照顾人的那个人是有福的。"赵石屏老师在旁听到这句话后感慨良多。后来，她经常把这句话说给照料重病丈夫或妻子的人，他们无不恍然有悟，说这是一句充满人生大智慧的话，赵石屏老师就会告诉他们关于母亲的这个故事。

受母亲的影响，赵石屏老师也是一位无私付出的人，在大学当老师时，她每接一个新班级，都会真诚地告诉学生们："当你们遇到你们认为无法面对的绝望时，记住给赵老师打电话，我一定能帮到你们！"这"一定"二字里带给刚刚步入成年社会的孩子们多少希望和确定感啊！而赵石屏老师也是说到做到，不知花费了多少时间和精力来帮助学生们面对各种棘手的人生课题，尽管这些并不属于她的教学范畴。赵石屏老师那种淡定平常、为人之师的智慧，再次诠释了她对母亲"能照顾人的那个人是有福的"这句话的深刻领悟。

成为知足的人

成为知足的人，就会经常感恩。其实能时时感恩，也是因为知足。赵石屏老师说她就是一个很懂知足的人。经历了不平凡的岁月，经历过苦难波折，是一代人的宿命，但是让一个国家和一个民族变得更强、更好，更是一代人的使命。所以赵石屏老师在退休之后，遵从父母的要求，不敢有一日懈怠，依然坚守在家庭教育理论研究平台，七十几岁的人了，为创建我国高校家庭教育这一学科，她还奔走在学科建设最前沿：组建全国高校家庭教育学科建设队伍，研究创建家庭教育知识体系、课程体系、人才培养体系，不计得失、不计报酬、不遗余力。她总是说，一个人的一生只能在一两件事情上面不知足，其余的都得知足才能有所为。恢复高考后她能够得以大学求学，在大学任教、做学术，做自己喜欢的家庭教育事业，"幼吾幼以及人之幼"，非常知足，夫复何求！要时刻感念国家越来越强大，时代越来越好，她也要为这个国家尽全力做出贡献。

赵石屏老师说，知足的人也经常会感恩他人的付出和劳动。赵老师经常讲她4岁那年患肺炎，要不是青霉素发现者的智慧付出，她治愈的希望非常渺茫。能健康生活至今，非常感恩很多人的努力贡献。包括这次新冠肺炎疫情，无数医护人员、志愿者、社区工作者在辛勤付出，让绝大多数人能健康、正常地生活，所以作为社会的一员，要懂得感恩他人的付出和劳动，懂得知足是人生智慧，要成为知足的人。

赵石屏老师还特别提到，中华民族向来是抱团生存的民族，所以隔代共同抚养，成为中国的一种常见但又很特别的养育模式。所有年轻父母应该对这种养育模式抱有知足的心态——可能再没有哪个国家的祖父母，愿意放弃自己安逸的晚年生活重新投入到一场养育的"伟大战役"中了，只有中国的祖父母能做到。而且很多研究表明，这种共同抚养的模式对社会的经济发展最有帮助，对孩子的成长也最有益。所以，从一个共同抚养家庭的"团"，到一个家族的"团"，再到民族的"团"，都是建立在人与人的相互支持、相互依存之上的，每个人都应该学会知足，学会感恩他人，这个"团"才能越抱越紧，每个人才能更有安全感，感受到幸福快乐。

成为珍爱身体和生命的人

赵石屏老师认为，必须要让孩子明白爱惜自己的身体和生命，这不仅仅是自己的事，首先这是一种孝道，是"孝"的起点："身体发肤，受之父母，不可毁伤，孝之始也。"这是中国人讲究的最起码的孝道，是最基本的感恩父母、回馈父母的方式，也是作为子女应该承担的责任。

对于普通百姓而言，孝首先是认真生活，让父母有所养。如果孩子不懂爱惜自己的身体和生命，又何谈"以养父母"呢？现在是一个充满个性化的时代，但是赵石屏老师认为父母应该反思，如何在尊重孩子个性化发展的同时，能够更好地帮助孩子"去自我中心化"，因为一个始终以自我为中心的孩子，是不会懂得爱惜自己的身体和生命的，这就是对父母缺乏感恩，当然就更不会懂得对他人感恩了。

先懂感恩父母，才懂感恩社会、感恩国家和感恩这个时代，感恩教育也需要层层递进。这也是今天重视感恩教育，尤其要先做好生命教育，让孩子学会爱惜自己的身体和生命的重要意义所在。

第六课
彭凯平：积极心理学视角下的感恩教育

受访人｜彭凯平（清华大学社会科学学院院长）

感恩是什么？自古以来，无数思想家、哲学家赋予了感恩深刻且丰富的价值内涵。站在积极心理学的角度，感恩的内涵有什么不同？感恩的价值又体现在哪些方面？如何进行感恩教育呢？在与彭凯平院长的交流中，我们能一窥其中的究竟。

感恩是一种积极的心理体验

感恩是对自己曾经或现在拥有的事物的一种欣赏，是一种积极的心理体验，伴随而来的是温暖、积极的情绪，能让我们认识到人与人之间是存在正向的、相互促进的关系的。

我们所提倡的感恩并不等于报恩，二者是不同的心理过程。感恩更多体现的是人与人之间积极的能量，而报恩更多考虑的是该如何行动，包含了交换的成分，会自动考虑大小、多少、值与不值的问题，积极的感受就显得没有那么重要了。

人类的情感一定是通过某种方式表现出来的，感恩可以引发报恩的行动，有了感恩之心肯定会有回报之心、合作之心。所以，我们要提倡感恩，而不是报恩。过度强调报恩，可能会导致交换行为甚至形成道德绑架。

感恩是一种重要的心理资本

我们对孩子从小进行感恩教育，是因为感恩是一种重要的心理资本。研究表明，懂得感恩的人往往也是高自尊、心理特别强大的人，这是因为懂得感恩的人首先拥有积极的心态，能够自我关怀、自我欣赏，也更容易发现来自外界的善意，并愿意把这种善意传递给他人。

感恩是一种实用的生存、生活方式

感恩有美德之巅、人类最高贵的品质的说法，但它真正的价值不是高贵，而是一种非常实用且有效的处事方式。人类有感恩之心，懂得团结、合作，这是天生就有的基因。

从个人角度来看，大家都更愿意和懂得感恩的人合作，遇到困难时，也更愿意伸出援助之手，所以充满感恩之心能让生活更顺利，人际关系更友好，获得更多资源与支持，这也是个人的一种竞争策略和优势。

这样培养孩子的感恩之心

感恩教育有利于培养孩子的积极心态，感恩教育是孩子的一堂人生必修课，也是开启孩子幸福人生的钥匙。作为孩子的第一任老师，也是影响最大的老师，父母的榜样和示范作用尤为关键。除了在日常生活中以身作则外，父母还可以从以下几方面着手，培养孩子的感恩之心。

发现生活中值得感恩的人和事

生活中不缺少美，而是缺少发现美的眼睛，这个道理同样适用于感恩教育。父母要循循善诱，引导孩子发现生活中值得感恩的人和事，让孩子意识到，即使是爸爸妈妈的拥抱、和小伙伴一起轮流玩滑梯、幼儿园老师的微笑、温暖的阳光等这些生活中的点点滴滴都值得感恩。

培养获得感和满足感

我们为什么会对别人表达感恩，往往是因为我们有收获、进步或者成长。所以除了引导孩子发现生活中值得感恩的人和事，父母还应该引导孩子进行反思和总结自己从中获得了什么，比如温暖的阳光让我们一整天都有愉快的心情。同时，要引导孩子以欣赏的眼光看待自己和自己拥有的一切，当一个人拥有获得感和满足感时，感恩之心会油然而生。

养成感恩的习惯

回忆。那些在生活中帮助过我们的人，以及周围人的善良之举，不管这些行为是大还是小，都要经常带孩子回忆，这有利于培养孩子的感恩之心。有了感恩之心，自然会衍生出感恩之举。

感恩手账。把观察到应该感恩的人或事记录下来，更有可能帮助孩子获得持久的感恩情绪，并增加这类事件发生的频率。

行动。用行动表达感恩，比如对提供帮助的人说谢谢，写一封感谢信，打一通表达感恩的电话等，都会在潜移默化中强化孩子的感恩之心。

从负面体验中找到积极的价值

感恩也可以在磨难和挫折之后发生，磨难和挫折同样是生活中不可多得的馈赠，很多人在经历磨难和挫折之后才更加珍惜现在的生活。父母要培养孩子的辩证思维，教他们正确看待生活中的苦难或者逆境，引导孩子挖掘负面事情背后的积极意义，鼓励孩子更加珍惜自己的获得和拥有。

养成回馈社会的习惯

感恩不是简单地回报向我们施恩的人，而是效仿他们的精神和行动回馈社会、回馈他人，这才是感恩的真实意义。所以在日常生活中，父母要引导孩子把感受到的善意蔓延出去，将温柔、温暖和爱延续下去。

感恩的六度分离理论

心理学上有个概念叫六度分离，是说我们和其他任何一个不认识的人之间，只需要通过5个人就能建立联系。因为感恩具有涟漪效应，即我们向他人传递的善意和感恩，会像波纹一样，通过下一个人一直传递下去。

这种六度分离理论同样适用于感恩，即我们帮助他人时，向周围人传递的善意可能会回馈到自己身上，这个过程可能需要通过5个人，甚至是更短的时间。感恩之心能引发真情的互动传递，它带来的涟漪效应，会在未来某天释放出意想不到的能量。

第七课
孟德宏：感恩，从心出发

受访人｜孟德宏（北京外国语大学原对外汉语系主任、
北京中外文化交流研究基地研究员）

　　汉字是中华文化的体现，"感"和"恩"这两个汉字背后有
什么深刻的内涵呢？北京外国语大学原对外汉语系主任、北京
中外文化交流研究基地研究员孟德宏老师从汉字的构造出发，
分别解读了"感"和"恩"这两个汉字，帮助我们认识到要时
刻牢记感恩，发自内心地表达感恩。

从席说恩，像芦苇一样紧紧地靠在一起

　　恩，是由"因"和"心"构成，首先我们先解读一下"因"
这个字形的含义。因的中间是一个"大"字，代表一个人，外
边的方框口是"围"的古字，意思为席子。所以从构字的角度
来看，因是指一个人站在席子上。以前的席子都是由竹子或者
芦苇编织而成的，所以有人认为"因"字里的"大"不是代
指一个人，而是代表了席子的编织方式。但无论是哪种解释，
"因"字都包含了席子的含义。

　　关于席子，有两个不同的特点。首先，从外形上来看，按
照一定的编织方式，每一根竹子或芦苇紧密地靠在一起，才能

编织成一张席子，所以"因"字包含了亲密的含义。其次，从用途上来看，席子能让我们坐下来聊天，躺下来休息，所以，"因"字也包含了让人可以依靠的意思。

恩要发自内心，摒弃市恩

结合前面的解释，"因"字意味着和对方有细腻、亲密的关系，就像编织席子的竹子或芦苇一样能紧紧地贴在一起，相互依靠。"因"和"心"搭配，就组成了"恩"，所以恩就意味着和对方之间的关系是发自内心的。

所以，恩一定要发自本心，而不能把它当成一门生意来计算，比如今天对他人好，将来就希望能得到100倍的回馈，这种恩叫作市恩，是要摒弃的。

感受到恩情，就要有所表达

感恩的"感"，是由"咸"和"心"组成的，"咸"这个字其实是"喊"字的本字，咸又是从戌的，戌指武器，咸就可以解释为当兵的都拿着武器，大家伙一块儿发出声音，比如出征之前，将领在阅兵台上鼓舞士气，下边的士兵一起回应他。所以，"咸"就有回应的意思。因此，"感"就是将你所感受到的情绪、情感表达出来，而且也要发自内心。

自古以来，无时无刻不在感恩

感恩教育不是今天才有的，而是我们传统文化的一部分，在不同的时间节点上，我们都在表达感恩。古代讲"天、地、君、亲、师",天和地就不用说了,我们感天谢地,古代相关的祭祀和庆祝活动有很多。另外,我们对君、亲、师这三种人充满了感激之情。

君,一般是指君主或领袖。之所以感谢他们,是因为他们带领子民追求幸福、走向光明,所以对他们充满了感恩。

亲,是指父母。父母给了我们生命,而且对孩子的情感是一种最天然的恩情,这种情感是毫无保留、不求回报的,所以我们对父母充满了感恩。自古以来,我们都特别重视父母的生日,一般都通过不同的形式给父母祝寿。

师,即老师。自古以来,我们对老师是非常尊敬的,而且也有很多感恩老师的方式,比如现在我们把9月28日设立为孔子诞辰日,这一天其实就是我们感谢老师的日子。

另外,我们除了感恩有生命的个体外,对自然万物和自然现象都充满了敬畏和感恩,比如古代专门设立了花朝节,在这一天感谢花神给我们带来了春天。

感恩是世界共同的语言

感恩这件事情,在各个民族、各种文化、各个国家都是普遍的,但是可能对于恩的理解、认识不尽相同,对恩的回馈和表达不太一样。中国人特别看重天伦之乐,所以表达孝的方式之一是和父母生活在一起,但外国人更注重自由和享受生活,所以表达爱父母的方式则是尊重父母的意愿,分别住在不同的地方。

第八课
苏君阳：从进行感恩教育到形成
感恩文化

受访人｜苏君阳（北京师范大学教育学部教授、博士生导师）

我国已经进入了中国特色社会主义新时代，弘扬中国优秀传统文化是我们的时代重任。感恩是中国的一种优秀传统文化，重视与加强感恩教育对于弘扬中国优秀传统文化，乃至促进中华民族伟大复兴的实现皆具有一定的意义与价值。那么，在当今这种多元主义文化碰撞与冲突的时代背景中，今后的感恩教育应该如何开展？北京师范大学苏君阳教授对此谈出了他的一些看法与观点。

对我们有所助益的人、事、物都需要感恩

感恩教育首先需要知道什么是恩。恩，简单地解释就是指恩情。所谓恩情，就是指对那些能够给我们生存和发展带来助益的人、事、物所形成的感激的情感。因此，感恩教育的过程也就是让孩子能够知道周边的人、事、物对自己是否有恩情，并能够合理地对恩情进行回报的过程。感恩的对象主要是人，但同时也应包括事与物。因此，凡是一切能够对我们生存与发展带来助益的人、事、物，都应成为我们的感恩对象，尤其是

要避免对其所构成的伤害与破坏。

做好感恩教育的2个前提

培养孩子对人、事、物皆予尊重的意识

在开展感恩教育过程中要注意培养孩子对人、事与物的尊重意识。有了尊重，那么我们就会减少对人、事、物进行伤害与破坏。尊重是感恩必备的前提，没有尊重就难以形成正确的感恩情感，感恩行动也容易扭曲。同时，感恩也是良好的家庭、社会文化建立的前提，如果没有感恩，那么，在一个家庭、公司与社会内部也很难形成良好的风气与文化。所以，在感恩教育中培养孩子对人、事、物的尊重意识很重要，尤其是对自己有助益的那些人、事、物。那么，在感恩教育实施的过程中，需要孩子尊重什么？需要尊重一个人的人格、权利、劳动与自由，需要遵循万事万物生长与发展的自由，这是人与人、人与事、人与物和谐关系建构的重要基础。在感恩教育过程中，不论是家庭，还是学校，如果只是让孩子做到对人的尊重，这是远远不够的。今后，在感恩教育过程中应该还要让孩子学会对大自然的尊重，我们人类能够生存与发展都离不开大自然对我们的馈赠。

帮助孩子树立懂得感恩的价值情感

并非所有孩子都懂得感恩，也并非一个人在任何时候都懂得感恩。孩子不懂得感恩大多是因为家庭、学校与社会没有做或者说没有做好感恩教育。在这种情况下，孩子很可能会把别人对他的帮助、父母的养育以及其对一些东西的获得等看作是

理所应当的事情。很多孩子不懂得父母的养育之恩，不懂知恩图报，这多和家庭、学校、社会感恩教育的缺失与不足有关。在开展感恩教育过程中，首先需要培养孩子对那些于自己生存与发展有所助益的人、事、物能够进行感恩的价值情感。

帮助孩子树立懂得感恩的价值情感，应该从哪里入手呢？苏老师认为最重要的是，要让孩子能够正确地认识与理解自己在生存与发展过程中同他人、社会以及环境之间所形成的相互依存、相互促进的关系。一个人与外在环境之间是相互依存、共生发展的，任何一个人的生存与发展都离不开外在环境的依托，并从中获得一些帮助与支持。一旦这种帮助与支持缺失，那么，一个人也很难获得更好的生存与发展。在进行感恩教育的过程中，可以给孩子讲讲我们所吃的粮食、穿的衣服、乘坐的交通工具等，实际上这些都是各个行业的人之间相互合作产生与获得的，大家彼此之间都是互助、互益的，否则，其生存与发展就会面临诸多的困难与麻烦。父母、老师在日常生活中可以多举一些身边这样的例子，让孩子知道环境中的人、事、物对生存与发展的重要性，并应对其抱有感恩之心。长此以往，孩子就会逐渐对周围的人、事、物形成感恩情感，进而可能会使其产生感恩的行动。

做好感恩教育的3个方法

感恩教育一定要在日常生活中进行，并且要建立在情感的基础上，建立在孩子自发行动的前提之下。

将感恩教育融入到生活中

感恩教育要融入到日常生活中，感恩教育应该从我做起，从身边的每一个人做起。家庭和学校是孩子生活与学习的重要场所。父母是孩子身边最重要的人，所以，父母首先应该用自己的行动成为孩子感恩学习的榜样。父母成为孩子感恩学习的榜样并非体现在一件事上，而是体现在生活中的方方面面，体现在每一件事情中。

老师同样也是孩子身边非常重要的人。因此，同家庭一样，学校也应肩负起感恩教育的重要责任，也应将感恩教育融入到学校教育之中。感恩教育不应仅在课堂上发生，而应发生在学校的整个场域之中。

将感恩教育融入到家庭、学校以及社会中的日常生活与交往之中，才能够真正达到塑造良好的家风与社会风气之功用。

唤醒孩子内在的感恩情感

感恩情感在每个孩子身上都是存在的，但最初的时候这种情感是潜在的、朦胧的，大多时候都是处于睡眠状态，所以，这种感恩情感需要家长与老师不断对其进行唤醒。家长与老师唤醒孩子内心潜在的感恩情感不但需要把握时机，而且要知行合一。苏老师提到在课堂上，有个学生分享过汶川地震时他的一些感受："当时我听到汶川地震的故事，看到一个母亲为了保护自己的孩子，将孩子挡在了自己的身下。听完这个故事我很感动，哭得稀里哗啦的。"苏老师说这就是对孩子的感恩情感进行唤醒的最佳时机。如果这时能够及时唤醒孩子的感恩情感，那么孩子就会知道父母对子女的恩情，而且还会知道回报父母的恩情。其实，每一个孩子内心都有感恩的情感，但这种情感需要家庭、学校与社会能够对其进行积极的唤醒与培育。

激发孩子自觉自发的感恩行动

感恩行动一定要建立在孩子自觉自发的基础上，不能强制，更不能形式化。因此，感恩教育的形式应该灵活多样化，不能强行划一。一些学校在开展感恩教育过程中，对学生提出了强制的、统一的要求，难以收到良好的感恩教育效果，如有的学校给所有学生提出了回到家里给父母洗脚的要求以示对父母的感恩。孩子给父母洗脚并非其自发行为，在这个过程中很可能会使孩子产生潜在的抵触与消极情绪，甚至在无意中让孩子形成虚伪的情感。正确的做法是可以先问一问孩子最想为父母做什么事，再根据孩子的个性化特征，采取多样的形式，激发孩子内在的感受。除了感恩父母以外，学校还可以通过组织班会、开展辩论赛、表演情景剧等形式，在过程中帮助孩子更加深刻地理解感恩的内涵，让其能够对感恩形成自觉自发的行动。

特别提醒

始终抱有感恩之心，用合理、恰当的形式报恩

有感恩意识未必会有感恩行动，引导孩子进行感恩，但也并不是所有感恩意识都需要付诸行动。感恩意识一旦付诸行动，就涉及成本，比如机会成本、情感成本、金钱成本、时间成本等，如果每一份感恩之心都需要转化为行动，那就会大大降低孩子感恩的积极性。

但是我们要始终抱有感恩之心，引导孩子在一些关键时刻开启感恩行动，比如当曾经对你的生存、发展有所助益的人需要帮助的时候，我们一定要尽自己的努力去帮助这些人。

避免感恩善行的泛滥

感恩教育也要避免感恩行动的泛滥。比如在灾难发生之后，如果所有人都给灾区捐赠物资，一方面要把物资运输到灾区去，涉及运输成本；另一方面灾区的储存空间有限，要想办法存放这些物资，就会新增储存成本。所以这时候的感恩善行就会有可能对抗灾救灾工作带来额外的负担，感恩也会因此失去了它的行动与实践意义。

感恩教育的根本任务是建设与形成良好的感恩文化

在我国历史上一直存在着诸如"受人滴水之恩，必当涌泉相报""来而不往非礼也"等优秀的感恩文化传统。改革开放以后伴随着全球化时代的到来，西方社会的功利主义对我国历史上形成的感恩文化传统进行了强烈的冲击并构成挑战，从而产生了感恩教育的式微，以及感恩教育在家庭、学校与社会中的断裂。

在建设社会主义现代化强国，实现中华民族伟大复兴的进程中，积极地、合理地开展与实施感恩教育，加强感恩文化建设是必要的。但感恩教育不能形式化，更不能进行道德绑架，否则就很容易出现感恩教育的扭曲。建设优秀的、良好的感恩文化，是感恩教育的重要任务，同时也是建设社会主义现代化强国，实现中华民族伟大复兴之所需。

第九课
张梅玲：感恩教育的5个方法

受访人｜张梅玲（中国科学院心理研究所研究员、博士生导师）

2022年1月1日开始实施的《家庭教育促进法》提出，家庭是孩子成长的第一所学校，家庭教育最重要的任务是做人的教育，而感恩教育是做人教育中的重要内容之一。为了更好地培养孩子懂得感恩的良好品质，我们专门请到了中国科学院心理研究所研究员、博士生导师张梅玲分享如何在家庭中做好感恩教育。

张老师提到任何教育都不要口号化，让孩子理解感恩、懂得感恩，一定要还原到具体情景、具体活动当中。根据家庭生活中的场景，张老师提出了做好感恩教育的5个方法。

重视家人的生日，营造感恩的仪式感

每年孩子过生日时，全家人都会特别用心准备，给孩子买生日礼物，定做生日蛋糕等。除此以外，爸爸妈妈、爷爷奶奶等每一位家人的生日都应该重视起来，让庆祝生日成为孩子表达感恩的一种特定方式。

首先，爸爸妈妈可以和孩子一起在日历上标注出来全家人的生日，让孩子知道这些天都是需要庆祝的。其次，爸爸妈妈还可以和孩子一起商量如何庆祝，给过生日的人准备什么样的礼物和惊喜。比如爷爷奶奶过生日的时候，让孩子给他们送上生日祝福，并且动手画一张贺卡、做一个小手工等。即使孩子和爷爷奶奶不同住，也可以通过电话、视频等形式传达祝福。父母要求孩子向爷爷奶奶表达生日祝福的前提是，父母本身也要这样做，给孩子做好示范。给家人过生日就是在教孩子用行动表达感恩，这样一来，每个家庭都有了自己独特的感恩仪式感了。

分享成长过程中的故事，让孩子看到不容易

孩子的成长不是一帆风顺的，会经历各种各样的艰难时刻，爸爸妈妈要主动把这些故事和经历告诉孩子，让他体会到爸爸妈妈的付出和辛苦，这是孩子学会感恩的前提和基础。

比如在孩子生日的时候，讲一讲他出生当天的故事，可以这样跟孩子说——几年前的今天，妈妈在产房里，表现得特别勇敢，忍着疼痛生下了你，当时爸爸在走廊里，特别着急地等待着，直到听到了你的哭声，爸爸才放下心来，爸爸妈妈都为你来到这个世界感到特别开心。父母也可以通过和感恩有关的绘本故事在亲子共读中自然渗透感恩教育。另外，每个孩子可能都经历过生病、受伤等，可以给孩子讲一讲这些时刻爸爸妈妈焦虑的心情和处理的过程。比如妈妈深夜独自一人带孩子去医院的经历，虽然妈妈着急又疲惫，但看到孩子退烧了，紧皱的眉头也舒展开了。

重视和孩子的情感沟通，培养孩子的共情能力

让孩子懂得感恩，很重要的一点是培养孩子的共情能力，因为只有孩子意识到爸爸妈妈也跟他一样，有喜怒哀乐的情绪，有疲惫的状态，他才能做到体谅爸爸妈妈的辛苦，建立感恩意识。

比如爸爸或妈妈加班回来后，不要把自己辛苦、疲惫的状态藏起来，而是要真实地在孩子面前呈现出来，让孩子能切身感受到爸爸妈妈的辛苦。再比如妈妈今天身体不舒服，要及时告诉孩子，并且和他协商今天让爸爸陪他讲故事或者今晚不玩游戏了，让妈妈早点休息。

家庭收入和支出中的感恩教育

只有让孩子感悟到了父母的辛苦，他才可能懂得感恩父母，跟孩子谈一谈家庭的收入和支出是一种直观的方式。

对于大多数工薪家庭来说，当孩子五六岁的时候，每个月发工资之后，爸爸妈妈就可以告诉孩子这笔钱就是家庭这个月的收入，是爸爸妈妈用一个月的辛苦劳动换来的，还可以和孩子一起回忆某个下雨天，爸爸妈妈坚持上班的情景。另外，要把这笔收入的用途讲给孩子听，在这笔钱中，有一部分用于还房贷、车贷，一部分用于交水电费，一部分用于生活中的花销，比如买菜、水果、零食等，还有一部分是要寄给爷爷奶奶的……看到不同方面的支出，孩子就能了解到原来这些都是要花钱的，有助于从小培养孩子的节约意识，而且可以特别指出每个月给爷爷奶奶的钱，是在向爷爷奶奶表达感恩，感谢他们过去的付出和对全家人的帮助，也是在为孩子学会感恩做示范。

最后，和孩子讨论除去必要的花销，结余的钱如何使用。一方面要告诉孩子钱不能都花完，而是要存进银行一部分，预防生活中的意外；另一方面结余的钱可以用来买需要的东西。可以让全家人都说说自己现在最需要什么，妈妈可能说想买一件衣服，爸爸可能说想买一套书，孩子可能说需要一个平板电脑等。每个人都说完以后，爸爸妈妈可能会说孩子的学习比较重要，先满足孩子的需求吧。这时候孩子是可以实实在在地感受到爸爸妈妈真的是以他为优先、为他考虑的。

利用日常生活中的场景，及时向他人表达感谢

我们之所以能有现在便捷的生活，是因为有很多人在为我们提供服务。父母要利用生活中的场景，让孩子体会到别人的付出，学会及时表达感谢。

比如带孩子在小区里遛弯的时候，看到清洁工正好在清扫道路上的垃圾，可以带孩子对她说一声："谢谢阿姨，您把社区打扫得特别干净、整齐，辛苦啦！"再比如打车带孩子出门，上车时跟司机说一声："今天辛苦您了。"下车的时候说一声："谢谢您今天为我们服务。"这样既是在为孩子示范如何使用礼貌用语，也是帮助孩子养成及时向别人表达感谢的习惯。

另外，要让孩子意识到，我们之所以能平安地生活、学习，是因为有很多人守护着我们，比如在艰苦环境下守卫祖国边疆的哨兵，不分昼夜一直救护病人的白衣战士，维护社会秩序的交警等，引导孩子树立对这些人的感恩意识，同时也要激励孩子努力学习，从小树立家国情怀和责任意识。

第十课
陈会昌：了解感恩意识发展的规律，
科学地进行感恩教育

受访人 | 陈会昌（北京师范大学教授、博士生导师）

　　感恩意识的发展和培养具备一定的规律，抓住孩子感恩意识形成的关键期，才能起到事半功倍的效果。为此，我们专门请到了北京师范大学的教授、博士生导师陈会昌，分享在不同阶段孩子感恩意识发展的规律，解读如何在生活中做好感恩教育。

　　感恩，指他人给自己带来好处、方便和舒适的时候，要对他人表示感谢。从心理学的角度看，感恩包含认识、情感和行为3个要素，即认识到别人对自己做的事给自己带来了好处；体验到温暖、舒适、高兴、满足的情绪和情感；表达对别人的感激并做出相应的回报行动。

感恩意识的发展规律
只要需求得到满足，就会开心
　　对于3岁以前的孩子来说，他们完全以自我为中心，只要需求能得到满足，他们就会表现出高兴、满足的情绪，这时候受到认知发展的影响，孩子还不懂得感恩。

幼儿期（3~6岁）是感恩开始形成的关键期

三四岁的孩子，在父母给他带来好处的时候，会表达高兴和满足的情绪，用拥抱父母来表达情感，这是一种萌芽的感恩。在幼儿园或游乐场，孩子之间互相交换玩具和游玩机会，用互惠，即你对我好、我也对你好，来表达对对方的认可和亲近，这也是一种初步的感恩行为。

但是，在没有摆脱自我中心性的幼儿期，他们大多认为别人对自己的帮助都是应该的，还不懂得别人这样做必须做出自我牺牲，所以从他们嘴里很难听到"谢谢"这样的表达。到幼儿园大班，一些已经摆脱了自我中心性的孩子，开始主动说"谢谢"，并做出相应的回报行动。于是，真正的感恩就开始形成了。

感恩祖国的培养要循序渐进

把感恩上升到国家层面，是小学中年级以后的事情，因为人必须先懂得什么是国家、祖国，即形成国家意识，才可能产生对祖国的感恩，这大约是孩子10岁左右的事情。因此，孩子对祖国的感恩，要考虑孩子心理的成熟性，不宜过早。父母应该引导孩子从爱父母、爱老师、爱同伴、爱幼儿园，逐渐过渡到爱亲人、爱家乡、爱祖国。

如何在生活中培养孩子的感恩意识

启发孩子感恩意识萌芽

从孩子1岁左右，父母就应该慢慢让孩子知道，妈妈和爸爸帮孩子做的事情有哪些，比如给他做辅食、穿衣服、洗澡、陪他玩、带他去公园等，做这些事情父母有多麻烦、多辛苦、多累、多不容易。这样做的目的，不是马上求得孩子的回报，而是启发他们感恩意识的萌芽。

示范如何表达感谢

3岁以后，可以教孩子对爸爸妈妈说谢谢，例如开始吃饭前，爸爸妈妈先互相说："你做的饭真好吃，多谢啦！"然后，爸爸引导孩子："今天妈妈做的饭好吃吗？""妈妈为了做饭辛苦吗？""你应该对妈妈说什么呢？"此外，在家里，任何时候在含有感恩情景的场合，父母都要当着孩子的面互表感谢，启发孩子有样学样。

抓住感恩教育的时机

感恩教育的发生一定会存在提供帮助和接受帮助的双方，无论孩子是哪一方，爸爸妈妈都可以利用好这个时机，对孩子进行感恩教育。当孩子受到了他人的帮助，父母要启发孩子这时候要做些什么，比如说一声谢谢、送一个小礼物、拥抱一下等。当孩子主动帮助他人时，父母应该立刻表扬和鼓励他，肯定孩子的行为。还可以结合日常生活中孩子之间、师生之间、亲子之间的交往，设计不同的情境，引导孩子学习相应的感恩行为，让孩子感同身受，提升共情能力。

通过制作礼物表达感恩

引导孩子给爸爸、妈妈、爷爷、奶奶、姥姥、姥爷做生日礼物，并一一赠送给家人。还可以组织孩子在国庆节、党的生日、建军节、教师节等节日前自己动手做献给祖国、党、解放军、老师等的礼物。做礼物的同时，一定要强调感恩的内容——因为他人的付出，所以我们通过礼物表达感谢。

第十一课
刘晓晔：绘本中的感恩教育

受访人 | 刘晓晔（首都师范大学副教授）

生活中，有很多进行感恩教育的契机，而绘本作为孩子生活中的重要组成部分，除了和孩子一起共读绘本故事以外，爸爸妈妈还可以借助绘本进行感恩教育。那么，绘本中的感恩教育如何开展呢？

为此，我们专门请到了首都师范大学学前教育学院的副教授刘晓晔，她常年和孩子打交道，非常懂孩子，同时她也是绘本领域的专家，特别了解绘本。刘老师结合具体绘本，介绍了感恩教育的几个维度，并说明如何借助绘本进行感恩教育。

爱与善意，是孩子学会感恩的前提

感恩教育是一种情感的教育，传递的是一种发生在人与人之间的特别美好的、积极的、流动的情感，这种情感能赋予孩子成长的力量，让孩子将来有能力表达感恩，用行动去感恩父母、感恩他人、感恩社会。首先，要让孩子从父母、同伴等身边的人那里感受到爱与善意。

经典绘本《猜猜我有多爱你》是很多孩子熟悉的枕边故事。故事中的小兔子认真地在向兔爸爸表达"我爱你"，并不断利用身体动作和熟悉的事物来强调他的爱，同时兔爸爸也在积极地回应小兔子。比如小兔子尽最大的努力张开手臂："我爱你这么多。"而兔爸爸也张开手臂："我爱你这么多。"读这本书能让孩子感受到父母和孩子之间双向的爱，而且能让孩子意识到自己也是有爱父母的能力的，尤其是对于那些不擅长表达的家庭，这是一本关于爱与表达的启蒙书。

除了最亲近的父母，同伴之间也有爱的传递。《萝卜回来了》讲述的是一个关于友情和分享的故事——小兔子把胡萝卜分享给了好朋友，好朋友又分享给了其他好朋友，经过几轮的传递，胡萝卜又回到了小兔子那里。胡萝卜就是小兔子和朋友之间爱的象征，通过这个形象化的故事，能让孩子感受到关爱就像暖流一样在不同的人之间传递，最后自己也会从中获益，从而激发孩子勇敢地分享爱、传递爱。

与自然建立情感联结，从而懂得尊重自然、感恩自然

尊重自然、感恩自然也是感恩教育的重要内容，为了帮助孩子与自然建立情感联结，我们自然而然地就能想到专门讲述科普知识的科普绘本。与了解科普知识相比，科普绘本更重要的是帮助孩子建立和自然内在的情感联结，让孩子从小养成尊重自然、保护自然、与自然和谐相处的意识。

以绘本《盘中餐》为例，故事是从餐桌上的一碗米饭开始的，介绍了一粒稻种成为一颗水稻再到成为餐桌上一碗米饭的过程，其中包括水稻的种植、加工和运输，不同地区的农耕文化、风土人情等科普知识。更重要的是，这本书带孩子感受到

了大自然对人类的馈赠，激发了孩子对自然的感恩意识，同时学会珍惜来之不易的盘中餐。

与宏大叙事结构的绘本相对应的，还有一种是从微观出发、贴近孩子日常生活的科普绘本，比如《谢谢你，小苹果！》《谢谢你，好吃的面包！》《谢谢你，珍贵的水！》这套绘本，低龄宝宝也可以阅读。以《谢谢你，小苹果！》为例，每个孩子都吃过苹果，最开始爸爸妈妈可能给小宝宝吃的是苹果泥，之后会给小宝宝吃苹果块，横着切开的苹果中间会有一颗五角星，不仅孩子爱吃苹果，连小老鼠、小鸟也都觉得很美味。孩子在了解小苹果的成长故事时，也能体会到食物的来之不易，它们都源于自然的馈赠和人们的辛勤劳作，我们应当感恩和珍惜，就像绘本的标题一样，对苹果郑重地说一声："谢谢你，小苹果！"

感受责任与担当，树立家国情怀

感恩教育不应该只局限于引导孩子感谢对他有直接帮助的人和物，还应该让孩子认识到幸福生活的背后离不开很多人的付出，尤其是那些特殊时期主动站出来承担责任的人，比如新冠肺炎疫情期间辛勤付出的医护人员、社区志愿者等。通过分享他们的故事，引导孩子积极承担责任，树立家国情怀。

绘本《等爸爸回家》讲述了抗疫一线医护人员的日常工作。现实生活中，很多爸爸妈妈像绘本中的医生爸爸一样，都在疫情最严重的时候奔赴抗疫一线，这本绘本带孩子了解特殊时期医护人员的日常工作，从中感受到医护人员守护生命安全的责任与担当，激发孩子对医护人员的感恩意识。

　　绘本《10天建成一座医院——漫画火神山医院建造奥秘》讲述了方舱医院火神山医院在短时间内建成的故事。10天就能建成一座医院，这对孩子来说，是一件神奇的事情，孩子读完故事就会了解到这得益于很多人昼夜不眠地工作和付出，能感受到大家齐心协力、共同对抗疫情的决心，体会到所有人的付出，感受到温暖，激发孩子对责任的思考，提升孩子的感恩意识。

故事分享篇

第十二课
张永新:《觉醒年代》里润物细无声的
感恩教育

受访人｜张永新（《觉醒年代》导演）

感恩是中华民族的传统美德，从乌鸦反哺、羔羊跪乳，到滴水之恩当涌泉相报，这些感恩故事深深地滋养着一代又一代的中国人，是中国人骨子里就有的情怀。但是，如何让孩子知道除了感恩家人，更要感恩那些为我们有今天的幸福生活而牺牲了青春生命的人，感恩我们的党和国家，感恩这个时代？我们有幸和《觉醒年代》导演张永新进行了一番探讨。

放在墓碑前的鲜花，感恩先烈

2021年的清明节和往年有些不一样，在上海市龙华烈士陵园中，陈延年、陈乔年、赵世炎等先烈的墓碑前摆满了鲜花，甚为壮观，有的鲜花上插有卡片，写着"这盛世如你所愿"，有的鲜花中还夹有少年用稚嫩的笔迹写的信……很多人都是通过一部电视剧《觉醒年代》才真正认识了这些先烈，并被他们甘为国家与民族的崛起抛头颅、洒热血的精神所感动，自发地前去祭扫，为他们送上束束鲜花。墓碑前的鲜花，展现的是人们惦记着这些先烈的真情实感，更是一颗颗感恩革命先烈们为国担当与付出之心。

《觉醒年代》一经播出，就好评如潮，不少孩子更是成为这部剧的"小铁粉"，因为毛泽东、李大钊、鲁迅……这些课本中的名字，在电视剧里变成了有血有肉、会说会笑、生动形象的人物。张永新导演告诉我们，他希望通过这样的拍摄方式，用艺术的手法让这些历史人物走出教科书，再现100多年前中国的先进分子和一群热血青年走过的那段追求真理、燃烧理想的澎湃岁月，深刻地揭示马克思主义与中国工人运动相结合和中国共产党建立的历史必然性，让孩子感受到这些革命先辈的人格魅力，感恩他们当年不屈不挠地探索救国救民之路，感恩在中国共产党的领导下，我们的国家才从贫穷走向繁荣昌盛，并且正在实现着中华民族的伟大复兴，从而在孩子的心灵中种下家国情怀的种子。

张永新导演给我们讲述了很多他自己久久难忘的拍摄故事，比如在拍陈延年和陈乔年烈士被捕入狱这一段经历时，现场的很多工作人员一直在为这两位共产党员选择在最美好的青春年华英勇就义、誓死不屈的精神而落泪不止；在拍摄李大钊先生向广大工人群众喊出"中国是中国人的中国，我们自己的国家，我们不爱，谁爱"的片段时，即使关机很久了，演员们还在原地静默，从十几岁的孩子到五六十岁的年长者，眼里都闪动着泪花。"是感动，更是内心满满的感恩。"张永新导演如是说。

这部剧在播出之后，很多人都在问张永新导演："还有续集吗？""你现在的幸福生活就是续集。"张永新导演经常引用《人民日报》刊发过的一张海报上的话回复大家。这句话确实也击中了每个人的心，更激发了我们对革命先烈们强烈的感恩之情。

细腻的情感处理，感恩亲情

只有用最真诚的态度表达，才能让观众感同身受。为此，张永新导演用匠心拍摄着这部剧，几乎每一个镜头都有所设计，每一帧画面都有细节表达，让剧中人物处处闪耀着人性光辉，让人过目不忘。很多细腻的情感处理，其实表达了中国人隐于内心却时刻都在的感恩之情，那也正是一个个人物散发出光芒的时刻。

张永新导演特意和我们聊到了李大钊先生从日本回国后到家乡看望妻儿的细节，李大钊先生见到妻子的第一句话是："姐，憨坨回来了。"相信这句话确实让很多人印象深刻，可能也让很多人为此泪目，一个才华横溢又站在当时思想革命阵地最前沿的大人物，在妻子面前却如此质朴温暖，这句话里也表达着李大钊先生对妻子一贯给予他无私支持的感恩之情。

还有一个细节满满的场景也让我们这些为人父母者印象深刻。当时李大钊先生刚把妻儿接到北京，一番忙碌之后，正准备带上孩子们去吃一顿涮羊肉解解馋时，谁知道刚好有学生来家里找他，原来是其中一个学生交不上学费，希望先生帮他作保，李大钊先生听完后二话不说，从皮包里掏出仅剩的几块大洋强行塞到学生的手里，让他先把学费交上，安心上学。学生走后，带孩子们吃涮羊肉的计划算是泡汤了，李大钊先生开始哄孩子们说，吃肉塞牙……虽然张永新导演用了一点儿喜剧元素来讲这段故事，但也许他更想传递给观众们的是这样一种情感：葆华、星华这两个孩子会永远记得和父亲相处的这个细节，因为他们会感恩有这样一位父亲，他是如此乐善好施、品德高尚，这也是父亲传承给他们的优秀家风家教以及宝贵的精神财富。

张永新导演和我们分享说，剧中的很多细节都表达了人与人之间的感恩之心，比如师生间的情感。在剧中，有一组蔡元培先生和陈独秀先生在北大校园里边走边谈话的镜头，张永新导演特意安排了他们与十几位学生相遇，就是为了表现当时师生见面行鞠躬礼这个细节——师生见面时，学生定会向先生鞠躬问候，先生也一定会认真地鞠躬回礼。师生的鞠躬礼，表达的就是对彼此的尊重，是学生对老师不吝赐教的感恩之情，其实也是老师对学生愿意向其求学请教的感恩之情。

在剧中，我们能通过张永新导演设计的一个个镜头细节，感受夫妻之情、父子之情、手足之情，以及那种如同亲情般的师生之情。更神奇的是，在剧外，我们似乎突然开始关注到很多生活中容易被忽视的细节，被触发着对家人、周围的人以及对这个国家的感恩之心。

干干净净地拍戏，感恩时代

在剧中，陈独秀先生有一句话："一代人有一代人的责任。"张永新导演认为，生活在和平时代的我们，也有着自己的责任和担当。作为导演，他就是要干干净净地拍戏，拍出真正能震撼人心的作品，他认为这就是他要有的时代担当。能完成这个心愿，张永新导演说，也要感恩这个时代。刚接触到这部戏的时候，他有些犹豫，因为这个题材太重大了，他担心自己驾驭不了，辜负了大家的信任。但是拍一部展现中国历史中波澜壮阔的时代，反映中国革命志士的伟大精神的大剧，也是正值人生盛年的他一直渴望的。在与制片人、编剧老师等人的多次深谈后，张永新导演终于下定了开拍的决心，而一路拍摄下来，他也一直在感恩整个剧组所有工作人员的努力和配合。

在拍摄过程中，整个团队都坚持以极度认真的态度，怀揣着情怀与神圣感，甚至是以对艺术完美呈现的执念在工作。这部剧播出后获得的良好口碑绝非偶然。张永新导演说，这部剧一拍就是近三年，整个剧组做了大量烦冗、细致的功课和准备工作，比如他们会花大量时间开道具美学、灯光美学的研讨会、交流会。

因为想到了这部剧的观众中会有青少年，所以张永新导演要求这部剧不仅"三观"必须要正，而且在镜头处理上也要格外严谨、干净，他不希望任何一个镜头给孩子做出不良的示范或带来负面影响。比如现实生活中的鲁迅先生在写作时烟不离手，但是剧中却没有任何一个鲁迅先生吸烟的镜头，在刻画鲁迅先生完成《狂人日记》时，张永新导演只是用了周围摆放有盛满烟蒂的烟灰缸这个细节来还原当时的真实情况。再比如剧中有一个片段是用来还原鲁迅先生在《药》中写过的人血馒头的情景，本来张永新导演想用黑白影像来表现砍头、愚昧无知的人们带着馒头来蘸人血这一段落，再把那个蘸完人血的馒头用红色的特效进行处理，以增强视觉冲击力。但考虑到荧幕前会有孩子，他最终选择了将这一段情节全部用黑白影像来呈现。

剧中，李大钊先生回家和孩子们相见后，拿出了给孩子们准备的礼物，他说了这样一番话："无论将来你们做什么，都要做堂堂正正的人。"张永新也特意和我们分享了剧中的这个细节。他说："我必须自律，我必须秉持做一个正直的、有责任感的导演的原则。因为只有我们自己做得堂堂正正，我们这个民族和国家才能够堂堂正正。"

希望每个孩子也能如李大钊先生所愿，活得堂堂正正，也感恩于这个礼赞、讴歌堂堂正正的伟大时代。

第十三课
薛小丽：把感恩教育融入孩子的生活

受访人│薛小丽（中国人民解放军空军后勤部蓝天幼儿园园长）

幼儿园是如何进行感恩教育的？我们请到了中国人民解放军空军后勤部蓝天幼儿园（以下简称"空后蓝天幼儿园"）园长薛小丽，请她分享空后蓝天幼儿园是如何在园所中做好感恩教育的。

我们跟随薛园长来到了幼儿园的排练厅，孩子们正在排练小提琴合奏曲《没有共产党就没有新中国》。临走前，薛园长突然向孩子们提出了这样一个问题："孩子们，你们知道中国共产党是谁吗？"孩子们积极踊跃地举起小手，薛园长随机点到几位孩子，他们说："我知道！中国共产党就是八路军。""共产党是黄继光。""共产党是王海爷爷。""共产党的领导人是毛主席。"……

特别可爱的是，角落里两个中班的孩子非常积极地举了手，却没能答出来，有点不好意思。薛园长在和全体孩子说再见后，特意走到这两个小男孩面前，蹲下来和他们说了很久的话。后来，薛园长告诉我们，她在安慰两个孩子，让他们以后继续多听、多记英雄故事，下次就能回答出来了。她还告诉我们，两个小男孩悄悄地对她说："园长妈妈，我们心里知道谁是共产党，但说不出来。"

可见，在孩子们的眼里和心中，共产党不是一个抽象的名词，而是他们熟悉的一个个英雄人物、领袖人物。孩子们崇拜他们，爱他们，感恩他们带给我们今天的幸福生活。

我们关于感恩的话题也是从这里展开的。薛园长说，感恩教育的首要任务就是把孩子们听不懂的词语变成能理解的语言，让孩子们在听故事、亲身体验、实地感受等这些他们喜欢的方式中理解感恩，学会感恩。

感恩，从爱开始

在空后蓝天幼儿园里，根据不同年龄段孩子的特点，老师们为小、中、大班设计的感恩教育内容也有不同的侧重点，但底层逻辑都是爱。

对小班的孩子们来说，感恩教育是从让孩子们学会爱自己的爸爸妈妈、爷爷奶奶等家人开始的，让孩子们学会感恩家人们每天对自己细心周到的呵护，引导孩子们学会的表达感恩方式是高高兴兴地上幼儿园，自己的事情自己做，让爸爸妈妈安心去上班，为祖国做贡献。

中班孩子们的感恩教育是以感恩幼儿园、感恩周围为自己服务的人为主。幼儿园每年都会举办"劳动最光荣"这样的主题活动，主要就是为了让孩子们"看到"老师们、炊事班的叔叔阿姨们、保安叔叔们、警卫战士们的付出，感恩他们为自己的成长提供着舒适、安全的环境。

对大班的孩子们来说，幼儿园会通过更多主题活动引导孩子们意识到因为有了中国共产党和强大的祖国，才有了今天的幸福生活，在孩子们的内心深处，种下感恩党、感恩祖国的种子。

空后蓝天幼儿园是部队特色园，所以大部分孩子的爸爸妈妈、祖父母都是军人。如果远远地看见园长妈妈，不少孩子对她表达爱的最高方式是——敬个军礼……所以，爱军人、爱军队，就是这所幼儿园的日常生活，感恩军人、感恩军队也贯穿在幼儿园对每个年龄段孩子的感恩教育中。

空后蓝天幼儿园的感恩教育

一壶茶，让孩子献上恭敬、献上爱

优秀传统文化是一笔宝贵的财富，我们可以从茶文化中汲取更多灵感，将茶文化与感恩教育进行有机结合，让孩子们在接受传统文化陶冶的过程中培养感恩意识。

幼儿园的每个班都在自由活动区设置了专门的茶席，茶壶、杯子、茶叶等一应俱全，还专门为孩子们制作了泡茶时的传统服饰，让孩子们在学习茶艺的过程中懂得礼仪，学会感恩。即使是在小托班，老师也给孩子们摆上了塑料的杯子和茶壶，让孩子们从认识茶具、做假想游戏开始对茶文化建立兴趣。

薛园长告诉我们，孩子不适宜饮茶，所以泡好的茶都是献给老师、园长或来参观幼儿园的客人的。不少孩子在幼儿园学会泡茶之后，在家里泡好茶也是献给爸爸妈妈、祖父母或者客人。安安静静地泡好一壶茶，恭恭敬敬地端起杯子走到他人面前，充满真诚地请人品尝……这样一系列的举动，帮助孩子们学会了一种表达感恩的方式，其实更是通过中国博大精深的茶文化在浇灌和滋养孩子们内心的感恩种子。

一首歌，陪孩子唱响祖国、唱出真挚

艺术教育是空后蓝天幼儿园的特色之一，孩子们凭借出色的表演能力已经连续 19 年登上春晚的舞台。在一次次排演《没有共产党就没有新中国》《我和我的祖国》《我爱你，中国》《我爱祖国的蓝天》这样的红色主题歌曲的过程中，孩子们深受爱国主义的熏陶，在他们的心中种下了家国情怀的种子。

就像薛园长问小朋友们"中国共产党是谁"那样，孩子们想满怀激情地表演这些红色主题的节目，就要听很多英雄故事，了解当时的时代背景，才能不断理解、共鸣，才会有真挚的表演，同时更学会了感恩党、感恩祖国、感恩军人。

一次体验，带孩子走近英雄、走近敬意

空军文化是空后蓝天幼儿园的特色，因此幼儿园特别强调空军特色教育，让孩子们通过认识飞机，了解空军英雄，不断增强对空军的热爱，树立长大后也要保家卫国的意识。

认识空中的各种飞机

空后蓝天幼儿园的每个孩子说起飞机时，都神采飞扬、如数家珍，薛园长告诉我们，幼儿园大班的每个孩子至少都要认识 16 种飞机，至少会讲述 6 种飞机。这是因为从入园开始，孩子们每天都会看见飞机模型，每天都在熟悉飞机，慢慢地认识不同种类的飞机，孩子们越来越喜欢飞机，也喜欢讲飞机。其中孩子们最喜欢的就是歼-20和运-20这两种型号的飞机了。歼-20是空中的隐形战机，用孩子们的话说就是"敌人看不见它，它却能看见敌人"；运-20是孩子们口中的"大胖妞"，孩子们说它就像空中的巨无霸一样，有着大大的肚子，肚子里能同时容纳空降兵叔叔以及坦克、装甲车等武器装备和其他物资。孩子们还知道，在新冠肺炎疫情期间，"大胖妞"还参与了防疫物资的运送，发挥了巨大作用。除此以外，孩子们熟知的飞机还有轰-6K、加油机、教练机……即使是我们大人看来特别容易混淆的歼-10、歼-16、歼-20等颜色相同的飞机，孩子们也总是能比老师更快、更准确地辨别出来。薛园长说，幼儿园每年会开展不同形式的讲飞机活动，目的就是希望引导孩子们深入地了解空军是如何守卫着祖国的蓝天，激发孩子们对空军战士、对人民军队的感恩之情。

了解英雄故事，认识真英雄

和079功勋战机的"最美同框"

感动中国2020年度人物的空军一级战斗英雄、空军原司令员王海上将在孩子们眼中，是亲切的王海爷爷。薛园长介绍，孩子们在幼儿园里都听过王海爷爷驾驶079号战机击落、击伤9架敌机的英勇故事，都能讲出飞机上9颗星星背后的含义，其中4颗实心的星星代表击落敌机数，5颗空心的星星代表击伤敌机数……在庆祝人民空军成立70周年之际，幼儿园专门组织孩子们前往军事博物馆参观，当知道这架画有9颗星星的飞机就是当年王海爷爷驾驶的079号功勋战机时，孩子们都兴奋不已，在这里留下了和079号功勋战机的合影，这张照片被誉为"最美同框"。孩子们纷纷说道："王海爷爷是大英雄！""谢谢王海爷爷保护了我们!""王海爷爷就是我的偶像,我将来要像王海爷爷一样保卫祖国的蓝天。"

幼儿园还专门给孩子们布置了一项特殊的作业——以"一架战机、一个名字、一颗种子"为主题,请孩子们给爸爸妈妈讲一讲自己了解到的中国战机以及以079号功勋战机为代表的英雄故事,同时也让爸爸妈妈或者爷爷奶奶给他们讲一讲更多关于空军的故事。这样的亲子活动,让孩子和家庭都更加有了精神归属感和使命感,有了与国家民族休戚与共的壮志情怀。

到英烈墙下纪念英烈

2021年清明节,幼儿园的孩子们和军人一起瞻仰英烈墓碑。出发之前,老师带领孩子们给英烈亲手制作了小白花。在现场,孩子们给英烈献花,在英烈墙上找自己认识的空军英雄的名字,讲他们英勇战斗的故事。薛园长说这样的活动对孩子们来说就是一场心灵洗礼,孩子们对英雄们的认识更深刻了,对牺牲自己换取今天美好生活的英雄们的感恩之情更真挚和浓烈了。

参观军营,体验真实的军队生活

最适合孩子的学习方式就是直接感知和亲身体验,只有这样才能真正建立起孩子对军队、对祖国的热爱和感恩之情。每年幼儿园都会组织孩子们走进军营,近距离了解解放军叔叔,体验他们在军营的生活,更深刻地理解他们舍小家、为大家的伟大。不久前,幼儿园还专门安排了孩子们进军营的3天军训活动,和解放军叔叔一起练习射击、搭帐篷、挖掩体,也观看了解放军叔叔帅气酷炫的特训表演。仿真枪很沉，在太阳下学站军姿很辛苦，挖掩体很累，但不到6岁的孩子们都坚持到了最后。孩子们的感受让薛园长特别感动，孩子们说："我现在知道真正的英雄是谁了！就是我们的解放军叔叔！""我特别感谢解放军叔叔，他一直鼓励我，我以后也要做这样的人。""我看到解放军叔叔的厉害了，他们能飞檐走壁，能爬钢丝，能保护我们，保护人民。"孩子们的感恩之情和崇敬之情都是发自肺腑的，是在有了体验和经历之后的深切感受。

薛小丽园长和老师们认为，最好的感恩教育就应该像这样，是春雨润物般无声，却又能有力地将爱党、爱国、爱军、爱身边的人的种子根植孩子的心灵深处，以期培育出拥有美德，对中华民族的伟大复兴有担当、有责任感的高尚的人。

第十四课
王元卓：感恩的另一种诠释
——发挥所长做科普

受访人 | 王元卓（中国科学院计算技术研究所研究员、博士生导师）

　　关于感恩以及如何引导孩子们学会感恩，有很多不同的诠释，科学家王元卓代表的就是兢兢业业工作，尽自己所长，努力为社会贡献力量的一类人。王元卓是大数据和人工智能专家，除了日常的科研工作以外，他把大量的时间和精力放在了科学知识的传播和普及上，希望能在孩子们的心中种下一颗科学的种子，有朝一日可以生根发芽。王元卓在科普道路上的故事，让每个孩子都意识到努力做好自己的事情，而且还能给他人和社会带来益处，这就是感恩的体现。

从给女儿们讲科幻电影到面向所有青少年做科普

　　2019年春节，《流浪地球》热映，王元卓带着两个女儿去观看，由于电影里的天体知识太多，女儿们并没有看懂。而书本上关于天体知识的描述拗口且枯燥，孩子们也不容易理解。王元卓干脆亲自上阵，一边画图一边为女儿们梳理影片的故事链，讲解相关知识点。他的生动讲解，不仅让女儿们快速理解了一些科学知识，还激发了她们探索和求知的兴趣。

对王元卓来讲，手绘是他在用自己擅长的方式，陪伴孩子们的学习和成长。但意想不到的是，他随手画的几幅画竟然登上了微博热搜，获得了1.5亿的阅读量，有100余家媒体转载报道，成了网友口中的"硬核科学家奶爸"。

这件事带给王元卓很大的触动，他深深地感到，公众对优质的科普内容有着强烈的需求，自己应该为他们做些什么。随后，他经过多次调研，选出了一些孩子们感兴趣的科幻电影以及看电影时最关心的10个问题，从开始给女儿们讲科幻电影，逐渐扩展到为所有青少年做科普。孩子们对科学知识的渴望和天马行空的思考，更加坚定了王元卓把科普进行下去的决心。

从传递科学知识到培养科学思维

2020年，《科幻电影中的科学：科学家奶爸的宇宙手绘》正式出版，相关内容累计在线阅读超过1亿人次，受到孩子们和家长们的广泛欢迎。网友给予了作者王元卓高度的评价——"作为科学家，他把深奥的科学知识用最浅白可爱的语言和方式一点点解释给孩子们，帮助孩子们推开科学的大门。作为父亲，他在乎孩子们的每一次'不懂'，极其认真地对待孩子们对世界的每一点好奇和疑问。这样一位科学家奶爸，以'脚踏实地'的用心，实力托举孩子们尽情尽兴地'仰望星空'。"

创作之余，王元卓不遗余力地参加各种科学传播、科学普及活动：全国科普日、中科院公众科学日、首都科学讲堂、凤凰卫视世纪大讲堂……他还多次走进北京中小学，为孩子们举办科普讲座。他相信，培养孩子们的科学意识和科学思维能力，能使孩子们受益终身。

　　长期从事科普工作，王元卓愈发深刻地认识到，科普不能是纯粹的说教，更重要的是让孩子们融入进去，从而激发他们的兴趣和创造力。作为科学家，王元卓承担着繁重的科研和教学工作，但只要有休息的时间，他就会尽可能地陪伴孩子们，带她们去体验生活，在动手实践中有所收获。比如旅行时给孩子们讲人文地理，农家乐时亲手种菜摘果，春节时写对联、剪窗花，和孩子们一起动手制作人工智能机器人等。

　　"让孩子们参与进去才会有代入感。"王元卓说，做这些不是为了让孩子们都当上科学家，而是想让她们的人生多一份探知，对生活多一份热爱。他用自己的专业和坚持，换来了女儿们对知识的探索与热爱。两个女儿不仅积极为他的机器人出谋划策，还主动参与到手绘创作中，这让王元卓感到欣慰和骄傲。

从"演员"到"制片人"，群星赋能全民科普

　　让更多人了解科学、热爱科学，是每位科普工作者的努力方向。王元卓一直在朝着这个目标努力，他将自己比喻成一个"演员"，单枪匹马地进行内容的创作和科学的普及。但一个人的力量杯水车薪，他认为更好的方式是变成一个"制片人"，去挖掘、挑选更多专业的"演员"去创作、去科普。

　　这也是王元卓主导发起"CCF群星计划"的初衷。作为中国计算机学会（简称CCF）科学普及工作委员会的主任，他希望通过群星计划，招募到一批致力于向民众传递科学火种的科普学者，创作并推出更多优质、专业且通俗易懂的传播内容。

越来越多的科学家、科研人员加入进来，大家共同推动中国科学传播、科学普及的生态建设，这样就能让更多孩子了解到不同领域前沿的科普知识，提升孩子们的科学兴趣。

2021年2月，"CCF群星计划之繁星初升"科普系列讲座圆满落幕，邀请到的众多科普大咖和科学家，分享了各自的经验心得，传授科普创作和传播技巧。对王元卓来说，这是一个很好的开头，也让他更有信心去进行更多尝试，比如建设科普教育基地、策划出版系列图书等，他正在一步一步去践行。

王元卓创作的"科幻电影中的科学"系列绘本第二本《科学家奶爸的AI手绘》已经顺利出版，小女儿的手绘作品也收录其中，成为一份独特的记录。王元卓欣喜地看到，女儿们心中那颗创造、探索的种子已经生根发芽并且开花结果。在他的"三年计划"和"十年计划"里，他仍然要坚持做科普，在更多孩子心中，播撒科学的种子。

做好科学研究，带动更多人一起参与到科普活动中来，是王元卓关于感恩和回馈社会的诠释。就像在新冠肺炎疫情发生初期，每个人只要老老实实地在家待着就是为国家做贡献。只要每个人都能尽力做好自己的事情，不给他人添麻烦，甚至还能像王元卓一样为提升孩子们的科学素养贡献自己的力量，其实就是理解了感恩的内涵，用行动在表达感恩。

第十五课
段英：用行动践行感恩

受访人｜段英（北京然尔阅读公益发展中心创始人）

　　"北京榜样"段英从做乡村公益活动，到创立北京然尔阅读公益发展中心，先后在河北省阜平县和唐县建造图书馆、开展图书角、做教师培训，公益之行的脚步一直都没有停过。段英用自己的行动践行了感恩的深刻内涵，为我们如何回馈社会和他人做出了示范。

　　段英的父亲是一位小学老师，因为受到父亲的影响，段英从小的梦想也是当老师，但这个愿望因为各种原因一直都没有实现。不过，段英说她很喜欢和孩子在一起，不管是当老师也好，还是做乡村公益或者然尔阅读也好，至少是和孩子在一起的。

乡村公益：尽自己所能回馈他人

自驾游路上的第一次公益行动

　　2009年，段英带着10岁的女儿一起去内蒙古自驾游，当时她在车上准备了玩具和书，旅行路上，她让女儿把玩具和书分发给了当地的小朋友。这次是段英第一次亲自做公益。

和一所学校建立联系

　　后来，段英阴差阳错地和山西的一所小学建立了联系，当时她给学校捐赠了一百套文具和图书。之后的几年，段英陆陆续续地给学校买过足球、《新华词典》、桌子、椅子等。之后学校的图书和资金都充足了，段英也不再需要做什么了，但她和校长一直保持着联系，每年还是会准备一些东西到学校看望孩子们。有一年，学校开设了书法课，所以六一儿童节的时候她就带着墨汁、毡子、纸、笔去了学校。

资助一个孩子

在山西那所小学的校长的介绍下，段英开始资助一个小女孩，这个小女孩从小跟着爷爷奶奶生活，家庭条件比较困难。每次开学的前一周，段英都会给她寄去这个学期的生活费。段英说之所以每次都选这个时间寄生活费，是因为定期的关心能给孩子带来一定的安全感，这对孩子来说是特别重要的。

有一天，段英接到了小女孩的电话："段阿姨，我考上高中了。"听到这个消息，段英特别为这个孩子高兴，也觉得特别幸福。中秋节的时候，小女孩的奶奶还特地请在北京工作的邻居给她捎来了当地的月饼，虽然是普通的月饼，但对段英来说，意义深远。

公益阅读：把最好的图画书带给乡村的孩子

现在的段英可是阜平县的名人，学校的校长、老师和家长都把她当亲人一样对待，每次听说她要来，都会先打电话问："大姐，几点到家啊？想吃点啥？"在阜平县城，段英在路上拎着稍微重点儿的东西行走，会有素不相识的人上来帮她拎；在外面吃饭，会有人给她端上一碗汤，说自己是哪个学生的妈妈，孩子是然尔图书馆的小读者……这让段英心里暖暖的。

但是刚开始建设图书馆的时候，段英遇到了无数困难，无论是质疑、推诿、误解，还是资金的困境、人员的调配，甚至是可怕的车祸，当时车上的橙子都被震烂了，但好在段英没有什么大碍，她把这些困难都一一解决了。而且因为段英真诚做事、无私付出，最终她的厚道、善良和不计较感动了当地人，越来越多的人开始参与进来，帮助她让校园图书馆不断在阜平县落地开花，让革命老区的孩子们看上了一批又一批全世界优秀的图画书，让阅读改变了很多孩子的生活。

开展图书馆和阅读角

截至目前，然尔阅读已捐赠县级图书馆1座、小学图书馆16座、村庄图书站1座，在阜平县周边的唐县的13所学校，设置了121个班级阅读角。通过图书馆、图书站和阅读角，孩子们能随时随地地接触到优秀童书，而且这些书是根据孩子们的年龄配备的。

然精灵故事时间

2020年在疫情的上半年，线下图书馆不能开门了，但段英希望能够通过声音为孩子们讲读故事，于是线上音频栏目——"然精灵故事时间"上线了。这个音频栏目也得到了很多人的支持，发出志愿者招募的消息之后，共有325名志愿者报名参与，包括来自北京大学、北京语言大学、首都师范大学、北京建筑大学、北京邮电大学等高校学生以及社会志愿者等，共整理、录制音频故事400多个。就这样，一个又一个经典故事通过声音，传进了阜平山区小朋友们的耳中，传进了他们心里，也给予了他们爱和力量。

做教师培训

除了给当地的孩子提供图书以外，段英认为更应该给当地的老师进行培训，教他们更好地引导孩子阅读，所以她在阜平县和唐县先后都开展了教师培训的工作。刚开始，段英在阜平县做"领读人计划"，培训种子老师，现在这些老师已经出师了。所以在唐县时，段英就让这些种子老师给新老师上课。一方面，这些老师是一步步训练出师的，他们的实战经验对新老师更有指导意义；另一方面，阜平县和唐县的距离近，更加方便老师进行示范课的演示，便于新老师更好地理解和学习。同时，段英还定期邀请儿童阅读领域的相关专家对老师进行指导，帮助老师进一步拓宽视野、打开眼界。

为什么选择做公益阅读?

段英选择以筹建图书馆为基础进行公益行动，看似偶然，其实是和她对书籍、对阅读的记忆与理解分不开的。在上初二的时候，学校让家长准备一份特别的礼物送给孩子，作为孩子进入青春期的贺礼，这时候段英收到的是父亲从新华书店买来的几本书。在女儿的成人礼上，段英送的也是几本书。父亲送段英的，以及段英送女儿的，都不仅仅是几本书，而且是自己对阅读这件事的理解和感悟，因为他们知道，书本里藏着一个又一个崭新的世界，书本里藏着人生的无限种可能。所以，她为阜平县的孩子们精心挑选的每一本书，都饱含着她的用心和希冀，书将成为这里的孩子们自由翱翔的翅膀，也是他们去翱翔的起点和动力。

公益行动：离不开家人的影响和支持

段英提到，她的公益行动离不开家人的影响和支持。"忠厚善良、不计较"是父母经常对段英说的话。段英还清楚地记得当年一位亲戚来家里借钱的情景，钱数在当年看来着实不菲，但父亲毫不犹豫，拿出存折就交给亲戚了，并把密码告诉她，让她取完钱之后还回即可。这个场景给段英留下了非常深刻的印象，因为她没有想到平时那么节俭的父亲竟如此大方，毕竟算上段英在内，家里有3个孩子，那时候的生活也是很拮据的。

段英说自己的姥姥也是这样"忠厚善良、不计较"的一个人，常把"但行好事，莫问前程"挂在嘴上，老太太一辈子也是如此行事的，因此当老人家于98岁高龄离世时，全村受过她帮助的人都来给她披麻戴孝，场面壮观。

段英还记得父亲讲过爷爷每到大雪时，总会凌晨起床，将村口扫出一条路来供大家行走的事情……这些点点滴滴的记忆，让我们很容易就理解了段英为什么能一直坚持做公益，并且为人乐观、宽容，从不计较自己的得失，这是受到了家人的影响。

所以，当段英的父亲知道段英被评选为"北京榜样"时，感到特别骄傲。只要是有关段英的报道，段爸爸都会剪下来，收集好，放到柜子里。在段爸爸的心里，这些都是值得留存的宝贝。不仅如此，段英的父母也在为女儿提供实际的支持和帮助。段英提到有一次她寄给小女孩的钱就是她妈妈给的，妈妈也知道女儿很辛苦，帮忙做了很多工作。

言传身教：将公益和感恩传递下去

段英的公益行动离不开祖辈和父辈的影响，同时她又把这种积极的影响传递给了自己的女儿。段英每次做公益时都会带着女儿。第一次做公益时，段英让女儿把书和玩具分给当地的小朋友。那时候女儿刚刚10岁，虽然分配得不是很平均，但是这让她体会到了不一样的快乐和责任感。在回去的路上，段英问女儿："刚才你给小朋友们发东西的时候，是什么感受？"小姑娘回答说："我感觉特别开心，我出去玩时也会很开心，但这和出去玩不一样。"虽然她还不知道为什么不一样，但是这在小姑娘的心中种下了一颗种子。

不仅如此，这个从小就跟着妈妈参加乡村公益活动的小姑娘在中学时就成立了自己的公益社团，帮助听障儿童，做得很有成就，其所在的中学曾将一项重要的奖学金"热心公益奖"颁给她。在小姑娘年满18周岁那天，然尔阅读的理事会就欣然同意她成为理事会的一员，参与然尔阅读的重要决策和活动。比如每年放暑假的时候，然尔阅读会评选出"阅读小明星"，邀请他们参加暑期夏令营活动，段英的女儿就是夏令营的总负责人。

第十六课
朋朋哥哥：致力于博物馆教育推广，感恩时代赋予的责任

受访人 | 朋朋哥哥（青少年博物馆公共教育推广人）

感恩在博物馆当志愿者的时光，感恩博物馆教育事业，感恩今天我们所在的这个伟大时代。这些感恩的种子，借由文物背后的故事以及无数文博人的共同努力，将生根发芽，代代传承。

感恩，是中华民族的传统美德，是值得代代传承的情怀。说到"感恩"这个词，很多家长的第一反应是感恩家人，其实感恩是一个非常大的概念，我们不仅要感恩家人，还要感恩时代，感恩党和国家，感恩历史，感恩优秀传统文化……如何从博物馆教育的角度来感受感恩的力量？我们有幸和青少年博物馆公共教育推广人朋朋哥哥进行了一番探讨。

感恩新时代，让优秀传统文化得以代代传承

很多人都觉得文物是没有生命的，但其实文物上面凝结着古人留给我们的思考，比如传统美学思考或者是哲学思考等。我们可以以这些物质文化为载体去感受古人的思想，这种影响是随着文物糅到你的血脉里去的，和你的脉搏一起跳动，你不

一定能强烈直观地感受到，但是只要你听到或者看到，就一定会知道这是我们中国的东西。

所以，朋朋哥哥非常鼓励大家走进博物馆，走近文物，这些文物虽然没有生命，但其实凝结着很多人的痕迹和温度，有当年制作它的人，有当年使用过它的人，有保管过它的人。

这些痕迹和温度就是古人给今天的我们带来的力量。在今天的生活中，我们的一些思想观念、饮食习惯，甚至是自己平常的一些语言表达，都有古人留给我们的影响。所以，朋朋哥哥认为这份对古人的感恩是要有的。那么，我们应该怎样去表达这份感恩？第一个就是要去寻找到根源。

走进博物馆，是找到根源最便捷的形式。我们在博物馆的展厅里，感受到的不仅是传统意义上对文物的理解，更能感知到文物背后的故事和力量。

感恩文物背后的红色基因，让感恩转化成更大的力量

谈到文物背后的故事，朋朋哥哥特别提到革命文物带给他的震撼。他去参加全国红色讲解大赛预赛的时候，讲的是国家博物馆珍藏的一颗用竹子刻制的红心，上面写着"Livelong C.P."（共产党万岁）。当年在重庆的渣滓洞，一个叫余祖胜的21岁的小伙子被捕入狱，他入狱的时候，解放军已经到长江边上了，这个好消息传到了重庆，他们很开心。晚上，他们想趁狱卒不注意举办联欢活动，于是他们将钉子磨成小刀，把抠下来的竹片磨成心形，用红色药水染成了红心，并做了一批送给狱友。虽然他们最后没有等到胜利的那一天，但这段历史随着

这颗留存下来的红心被传承了下来。

到了决赛时，朋朋哥哥选的文物是一个碗。那个碗特别破，有缺口，却"见证"了"人民政权人民选"这一历史时刻。在当年的陕甘边苏维埃工农代表大会上，大家聚在一起选举，可老百姓大多不认识字，如何进行普选？当时采取的方法就是一人一颗小黑豆，然后把豆子投到碗里，来选举代表。如今，豆子已经不在了，但是碗还在，所以朋朋哥哥在演讲稿里写了一句话："这颗小小的黑豆，代表的只是一张小小的选票，但其实背后是对新生政权的信任和嘱托。它长出来的不再只是庄稼，而是一个属于人民自己的政府。"

所以说，通过文物去了解历史，了解过去的那些事，其实是要从它们身上汲取到这些力量，然后把它们更好地传承下去，更好地去指导我们今天的很多工作，这也是一种感恩的表现，感恩不只是一再说感谢，而且是怎么把感恩转化成更多力量。

感恩新时代的文博工作者，让更多人感受到文化事业的繁荣

在访谈中，朋朋哥哥多次提到，如果文物只是摆在那里，没有人来说话，它们还是没有真正"活"起来。

幸运的是，现在我们有很多文博工作者，正在做这方面的工作。不论是传统文化，还是朋朋哥哥讲到的那些承载着革命精神的红色主题文物，都有无数文博工作者去保管它、研究它、讲述它，把它带给更多人。中国博物馆的历史虽然也就100多年，但新中国成立后，尤其改革开放以来，博物馆的数量和规

模，都有了快速发展。当代的文博人致力于研究如何保护、传承和利用这些文物，比如像樊锦诗这样的专家对于敦煌保护和研究所做的巨大贡献，还有无数讲解员致力于用传播的方式去做"让文物说话"的工作。

因为文物多是埋藏在交通不便的地方，考古人员很辛苦，有些人一辈子就挖那一个地方的文物；有些人在山里一待就是好几个月，因此有个不成文的规定，凡是下山办事的人，都要捎带一些青菜上山。也正是因为有这些文博工作者的不懈努力，才会有越来越多的文物能出现在人们的面前。因此，我们更要怀着一颗感恩的心去认识它们。

当你心怀感恩时，感恩的力量是可以传递的

在访谈中，朋朋哥哥提到，在他身上主要有两个标签，一个是做了很长时间的志愿者标签，另一个是现在的青少年博物馆公共教育推广人标签。在他的职业生涯中，也是因为时刻感受到感恩的力量，所以才一直坚持走到了现在。

令他印象深刻的事情有很多，在他刚开始当志愿者的时候，遇见一位公益组织的负责人，是一位老先生，这个公益组织叫美新路公益基金会。这个公益组织主要做的工作是给山区的孩子写信，孩子也会回信，这个组织的志愿者就像孩子的陪伴者一样。

这位老先生曾经讲过一段话，他说这个世界上没有人逼着你去做公益，当你坚持不了的时候，你可以问一问自己有没有做到尽心尽力，就是说你有没有真的去为对方着想，在你的能

力范围之内去做。也就是说，当你有能力去爱自己的时候，你才有能力去爱别人。只有这样，做公益才不是负担，而是快乐，是你人生的收益，也是你人生丰盈的一个重要的力量来源。

像这些前辈志愿者，他们来自不同领域，给朋朋哥哥带来的影响也是让他觉得自己不仅获得了很多人的帮助，也可以把这种帮助去传递给别人，并从中获得快乐。

因此，朋朋哥哥一直在这条道路上坚定地走着。在做博物馆教育这件事情上，他得到了很多专业的指导，这些指导不仅是来自文博领域的专家，还来自很多看似普普通通的人。比如有一次朋朋哥哥在国家博物馆展厅里讲解，旁边一位打扫卫生的大姐告诉他哪里讲得不好，应该怎么讲。还有一次，朋朋哥哥讲完永泰公主墓的壁画，然后说"接下来我们看下一组文物"，下一组是唐代仕女的铜镜。旁边有个大姐就说他这么过渡有些生硬，然后她建议这样讲："'你们看这个姑娘头发上露出来的叫簪，底下的叫钗，她们平时是非常注重打扮的。'在说这句话的时候走到铜镜的展柜前。"

有一次，一个三年级的孩子去中国科技馆做小讲解员面试时，面试官问他为什么要来做志愿者，他说是因为听了朋朋哥哥的讲解，觉得帮助别人是一件快乐的事情。听到这件事，朋朋哥哥非常感动，以后每次在去做讲解员培训的时候，他都告诉大家："你在展厅里面不仅是知识的传递者，更是一份力量的传递者，你得让那种感恩的力量延续下去，才会有更大的影响，才会带来更大的改变。"

可以说，很多感恩的东西，并不是那些惊天动地的事情，而是由一点一滴的小的感动汇聚而成。在博物馆教育这条道路上，朋朋哥哥一直秉承着"致力于博物馆教育推广，感恩时代赋予的责任"的责任感，身体力行地前进着。

第十七课
春妮：感恩有你们，在我的"周末时光"里一路相伴

受访人 | 春妮（北京电视台主持人）

　　她，气质清雅脱俗，性格沉稳不张扬，知性又大气。她，曾获播音主持界中的"金话筒"奖，是家喻户晓的知名主持人。她，就是春妮。春妮真诚、简单、善良、爱笑，相信爱与其所带来的美好，懂得感恩与其所带来的幸福。在节目中，她喜欢分享许许多多令人感动的故事，希望听故事的我们也能感受到那种美好和幸福。

　　春妮在自己的访谈节目"周末时光"中，总是传递着满满的温馨和关爱，带着一种润物细无声的"正能量"。这种能量聚集在她节目的那些故事里，成为一种相互的爱的流动。

　　每每想到这些故事，春妮都不由得想要感叹，想要分享。因为有善、有爱、有感恩的故事，一定会给人带去希望。

师恩深似海，倾心暖春华

　　著名喜剧演员刘全和与刘全利兄弟，曾多次参加央视春晚以及国内外各种大型文艺演出，不仅在国内外享有极高的荣誉，他们的作品《照镜子》《摄影者》《修路灯》《橱窗模特》等经典

幽默哑剧，也风靡全世界。

这一切当然与他们在发展之路上一直精益求精有关，但他们也知道，这离不开恩师姜昆的悉心指导。当年，两人带着作品《照镜子》参加第九届意大利国际幽默大赛之前，姜昆曾带着他们到全国各地巡演，陪他们排练，帮他们修改，给他们指导，将《照镜子》这个作品反复打磨。后来，兄弟俩一举拿下大赛的最高奖项"金小丑奖"。

事后，文化部让写指导老师，兄弟俩毫不犹豫地就写上了姜昆，还表示："虽然哑剧和相声是两种艺术表现形式，但都是喜剧，而喜剧的内核是相同的。所以，姜昆就是他们的老师。"

兄弟俩觉得，虽然姜昆老师是相声演员，从事语言艺术，但喜剧拼到最后拼的是一种文化底蕴、一种综合能力。艺术需要不断创新，要经得起时间的检验。所以他们的作品，不单单是要逗人笑，还要有一点点小哲理，观众看完以后要有笑声，也要有回味。

这也是姜昆老师对他们的要求，比如他们俩都学过舞蹈，就可以创作一个幽默芭蕾舞的作品，都学过戏剧，就可以把戏剧技巧用在喜剧里。姜昆老师会时时提醒他们，任何东西离开了生活，观众是很难认可的。

当然，姜昆对于两位爱徒的努力也十分肯定，总会谦虚地表示："我自己是个相声演员，从事语言艺术，但却收了两位哑剧演员为徒，能指导的实在有限，还是靠两人的不懈努力。"

如今，这兄弟二人依旧还保有着创造的活力，他们希望能为观众带来新鲜的作品，以此回报姜昆的深厚师恩。

知遇之恩，当永生难忘

在演艺圈素有"警察专业户"之称的董勇，多次公开感谢李诚儒，称他是自己的领路人，对其感谢之情难以言表。

早在1998年时，因为拍摄《清明上河图》，李诚儒与董勇相识。作为戏痴的李诚儒，得知董勇出身京剧武生，自小学戏，大学还就读于中国戏曲学院，专门进修武生。再一细聊，他发现董勇的师父都是他所熟识的大家。于是，两人相谈甚欢，颇有一种相识恨晚的感觉。

那时的董勇，从戏剧转做演员，由于他不是科班出身，路走得很艰难，一边唱戏赚生活费，一边寻找拍戏机会。就这么兜兜转转十几年，直到遇到李诚儒，董勇的演员路才真正被打开。起初，李诚儒推荐的两部戏，让董勇得到了业内的认可，后来又推荐了《重案六组》，让董勇得到了观众的喜爱。之后，董勇又接连参演了《黑洞》《绝对控制》等剧，如今已经拍摄了上百部影视剧，也塑造了很多不同的人物形象。

董勇如今已是公认的好演员，这必然与他自己的坚持和努力分不开，但若无李诚儒的知遇之恩，可能会摸爬滚打更多年吧！想来，这也是董勇提及李诚儒便流露出感激之情的缘故吧！

同窗之谊，必有互助之情

当年在综艺界响当当的主持人李彬，反应快、口才好，又自带笑点，是很多节目收视率的保障。而他走上主持之路，也是因为同窗好友洪剑涛的一次助力，虽是无心插柳，却成就了他的主持生涯。

当时，还不温不火的李彬去南方一个小城拍摄电视剧，没想到剧集拍到一半时，没了资金，别说拍摄劳务费，就连回北京的车票钱都掏不出。恰巧，洪剑涛参加一个综艺节目，得知李彬的困境后，为他争取了一个节目嘉宾的名额。录制完毕后，李彬才顺利飞回北京。

也正是因为那次综艺节目的录制，李彬表现非常出色，得到了制片人的认可，才有了后来的主持合作。从此，李彬从演戏转战主持，最终成为家喻户晓的综艺主持人。所以，他和洪剑涛的同窗之谊无比深厚，感恩之举已融在他们的日常之中了。

知家训，守家风，感恩一生受益

我们熟知主持人水均益，但很少有人知道他出身名门望族。早在民国时期，水均益的爷爷水梓就被称为"陇上第一名流"，先后担任过甘肃省的代理秘书长、筹备处处长、教育厅厅长等要职，中华人民共和国成立后，他又在教育界身居高位，影响着现代中国教育的改革与发展。

水家作为名门望族，虽家财万贯，但从不放任自己的子女，水家所有孩子都必须自食其力，并且人人都要读书，还要读好书。因此，水均益的上一辈几乎全部是各个大学的教授，文化造诣极高。用水均益的话说："我们水家盛产老师，基因里面天生会教书，即便今天随便找一个水家后人，哪怕没当过一天老师，站在讲台上他就是个名副其实的老师。"

水均益能有日后的成就，正是在这种家风家训的教养之下，将水家祖辈的风采一脉相承而来。如今，在水均益的传承下，女儿水亦诗也秀外慧中，才气过人。正所谓"忠厚传家久，诗书继世长"，有如此之家风家训，受益几代人，确应心怀感恩。

看过、听过、分享过那么多有情有义、有恩有爱的故事，春妮也时常会想起自己生命中的贵人，高中时期的班主任王荷英老师。王老师带给学生的不仅仅是书本知识，每堂课她都会坚持给学生讲国内外的见闻，开拓学生的眼界。因为在王老师看来，为人师授业解惑，解的是人生之惑，而只有打开人生格局，才有可能真正解惑。

正是王荷英老师发现了春妮的闪光之处，鼓励她报考北京广播学院（现中国传媒大学），改变了春妮的命运。谈及此处，春妮会不由得感叹："如果没有王荷英老师的支持，此时此刻我会做些什么，真是想象不出。"言语之间，充满了感激。

春妮回想这一路走来，懂得感恩的人大约活得都不会差，因为他们的心中总是充满善意、充满爱，会把当年承他人的恩，也施于别人。在他们的周围，荡漾的总是爱。这样的人怎么会不幸福呢？

第十八课
金建敏：让感恩在人与人之间传递

受访人 | 金建敏(北京同仁医院感染科副主任、呼吸与危重症医学科主任医师)

医生被称为白衣天使，无私地守护着个体的生命健康。北京同仁医院的金建敏医生，作为一位拥有二十几年从医经历的资深医生，和患者之间有说不完的故事，在这些故事中，我们能看到感恩在人与人之间传递，身处其中的人都会受到触动和感染。

感恩父母，给爱生病的我最大的依靠

金医生提到她的父母都是医生。小时候的金医生经常发高烧、嗓子痛，动不动就停学，在家休息。一生病，金医生的医生妈妈就"上线"了，每次经过妈妈的细心治疗和护理之后，金医生的病就好了。这种情况持续了好几年，但有一年，金医生的妈妈给她用药和输液都不见效，高烧也不退，只好让金医生的爸爸来帮忙。她的爸爸是五官科的医生，他把金医生的扁桃体切开，把脓引流出去，再配合药物治疗，金医生才得以痊愈。

金医生说在她的记忆里，每次她一生病，父母就会陪在她身边。一方面，她觉得自己特别难受、痛苦的时候能和爸爸妈妈在一起，感到非常踏实；另一方面，她也特别感谢自己的医生爸爸、医生妈妈能让她恢复健康。这些经历让她实实在在地感受到医生这个职业的神圣，也萌生了长大后要当医生的愿望。

金医生说她能成为医生，在很大程度上是受了父母的影响。高中毕业填报志愿时，虽然金医生是和爸爸一起商量着报的，但所有目标都是医学类的。那时候金医生就已经认定了医生这个职业，感觉如果自己能像父母一样为患者解除病痛，是特别有意义的事，金医生也希望自己能成为和父母一样的人。

感恩患者，温暖医生的心

金医生提到在她过去从医的二十多年中，总是不断收到来自患者的感谢，因为他们就像当初生病的小女孩一样，恢复健康之后特别开心。但金医生强调，病人回馈给她的更多，他们的支持和认可也让金医生更加坚定了自己当初的选择，也支撑着她一直坚守在为人民健康事业努力的道路上。

这些年，金医生和患者之间发生了很多难忘的故事，有时候就像过电影一样，经常在脑海中浮现，每每想起来都让她觉得非常感动。

一张报纸

有一天，一位找金医生看过病的老人到门诊找她，时不时地透过门上的窗户看她一眼。金医生以为他要来复诊或者开药，但是因为当天的病人特别多，所以金医生让他稍微等一下。老人也没有说什么，就在外边一直等。后来病人少了，金医生让这位老人进来，只见他从包里拿出一张报纸，说道："金主任，我这次不是来看病的，我是专门给您送报纸的。这报纸上有您去武汉支援抗疫的报道，您收好了。"金医生说她平常基本上已经不看报纸了，而且街头的报刊亭也基本上都没有了，不知道老人家从哪儿买到的报纸，这么热的天，他大老远地跑来，就是为了给金医生送那份报纸，这让金医生万分感动，觉得医生这个职业真的是太幸福了。

一种信赖

金医生说自己有一位病人是肿瘤晚期的老人，一般癌症晚期病人的肿瘤会广泛地转移，最后那段时间，病人非常虚弱，也特别痛苦，家里人来医院看他时他也没有精神，但听老人的儿子提起，只要在他的耳边说："爸，你看谁来了？金大夫来了。"老人就会特别努力地睁开眼睛。金医生每次去查房的时候，只要听到金医生叫他，他都会睁开眼睛看看金医生。金医生说可能老人相信自己有办法救他，但实际上真的没有办法了，这时候金医生也会觉得自责，但老人那种无条件的信任和依赖，让金医生感到很温暖，也会一直鞭策她不断努力进取。

一则消息

有些患者出院回归正常的岗位后，在工作上取得了进步或者获得了荣誉，会专门发消息告诉金医生和同事们，对他们表示感谢，说正是因为有医生的存在，他们才有机会再为国家做贡献。金医生说虽然他们已经不再是医院的病人，但还记得医生，这种关系已经超出了普通的医患关系，这种成就感是挣多少钱都换不来的。

一个苹果

2020年新冠肺炎疫情发生时，金医生带领医院的同事一起支援武汉，当时在金医生和同事所在的10层病区流传着一个苹果的故事。当时医院的物资供应不太充足，每当患者出院时，医护人员就把自己的水果送给他们。后来这演变成一种仪式，水果也固定为苹果，寓意平安和美好的祝愿。

有一天，一个准备出院的患者了解到苹果的含义之后，就把收到的苹果送给了同病房的邻床姐妹，希望她也能早日出院。邻床姐妹收到了祝福，更加坚定了治愈的信心，等到她出院的时候，她也把一个苹果郑重地传给了下一位患者……

感恩国家，在需要的时候挺身而出

出于医生的本能和职责

新冠肺炎疫情发生后，金医生和同事作为北京市属医院第一批医疗队，在大年初三那天就出发去武汉了。当时从各个渠道了解到武汉的疫情越来越严重后，金医生什么都没想就毅然决然地报名了，她认为那应该就是作为医生的本能和责任感。金医生说国家培养了她很多年，国家需要她的话，她没有理由后退，一定要勇往直前。

榜样的力量

除了医生的本能，还有榜样的力量激励着金医生。金医生一直把钟南山院士奉为偶像，她和钟老都是呼吸科专业的，所以她总能在许多业内的会议上看到他。金医生不仅仅是佩服他老人家的学识，更佩服他老人家的为人，在关键时刻敢于发声，勇于承担责任。金医生说当时她也看到了钟老在高铁餐车上的那张照片，钟老84岁了还能继续向前走，而自己才48岁，当然更没有任何后退的理由，所以金医生决定要追随他老人家去做一点儿事情。

把感恩的种子，播撒进孩子的内心

感恩是可以传递的，我们教孩子懂感恩，就需要用实际行动先把感恩传递出去，让孩子能感受到。而且现在的孩子不喜欢父母讲太多，父母可以用感恩行动给孩子做榜样。

教孩子懂感恩，身教重于言传

要让孩子学会感恩父母，首先要从我们自己对父母和老师的态度做起，让孩子看到我们是如何对待他人的，而不是直接给孩子讲大道理。当孩子看到父母的行为，自然会效仿。

金医生提到自己平时工作比较忙，每天到家的时候她的父母已经做好了全家人的晚饭。但是周末一有时间，金医生一定会亲自下厨，做饭给父母吃，这时候她就会叫上儿子一起，让儿子负责问问姥姥姥爷想吃什么菜。到了下午金医生也会叫上儿子和她一起准备水果、点心，然后由儿子把果盘端给姥姥姥爷。

激发孩子的责任心，让孩子自己去感受

现在的孩子接收信息的渠道很多，虽然他们年龄小，但知道的事情很多。如果希望现在的孩子感受到"国家兴亡，匹夫有责"，一定不要去说教，而是让孩子自己去感受。比如当孩子看到我们在新冠肺炎疫情防控方面取得的重大胜利，不需要

多说什么，孩子就会有特别深的感触。

从孩子感兴趣的事情入手

2020年我们国家在科技、军事等方面都取得了重大突破，天眼投入运行、天问一号火星探测升空、嫦娥五号登月回家等这些都是孩子特别喜欢的话题，从孩子的言语中，能感受到他们小小的心灵中充满了自豪和向往。一天，早上吃早饭的时候，金医生的儿子问她："妈妈，你知道我们国家为什么要研制北斗系统吗？"金医生赶紧请儿子和自己分享。她的儿子说："我们中国人的船在公海上行驶时，总是被污蔑携带了违禁品，强行要我们接受检查，还把我们的船只所在海区的GPS导航服务关闭，让我们不知道该向哪个方向行驶，只能停在原地，等待多方检查。我们有了北斗卫星之后，就不会再受他们的挟制了。"听完他的话，金医生和儿子一致得出结论，只有国家足够强大，这个国家的人才有足够的尊严，中国的强大和每一个中国人都是息息相关的。

第十九课
王伟强：援藏故事里的感恩教育

受访人｜王伟强（北京市城市规划设计研究院弘都公司首资市政
与资源规划二所副所长）

一代代援藏人是孩子学习的榜样，通过了解他们的故事，可以培养孩子的家国情怀，让孩子心怀祖国，把个人理想与国家的发展联系起来，树立远大理想，承担时代重任。从北京援藏干部王伟强的身上，我们能看到在祖国边疆绽放青春的感人故事，这是激励孩子树立家国情怀最生动的素材，也是润物细无声的感恩教育。

感恩援藏经历，浇灌4500米高原上的幸福之花

2019年7月，作为北京市第九批援藏干部，王伟强在拉萨开始了为期3年的援藏工作。和很多人一样，王伟强对西藏向往已久，所以在看到援藏通知后第一时间报了名，希望能真正走进西藏，感受当地的民族文化和地域特色，更希望用自己的行动为西藏贡献力量，促进当地经济社会的发展，助力西藏人民过上幸福美满的生活。

对口扶贫，真正帮助家庭脱贫

王伟强和同事到拉萨来的一项重要工作就是对口扶贫，帮

助当地的居民过上幸福的生活。每一个援藏单位都有一两个对应的扶贫村，每个公职人员也有对应的结对家庭户。

2019年12月，王伟强和同事下乡到结对的扶贫村去，这个村子在海拔4500米之上（拉萨的平均海拔在3650米），距离拉萨有5个小时的车程。在4500米的高原上是什么样的体验呢？那就是不做任何事，只是静静地站着，都会喘。这里的地理环境是不适宜人类居住的，但是当地的居民为了守护边疆做出了自己的贡献。以前，居民都是以放牧为生的，但为了保护生态环境，他们现在不仅放弃了游牧的生活方式，还承担了当地的生态保护工作。

和王伟强结对的是罗桑一家，他们家有6口人，最大的孩子13岁，最小的孩子3岁。虽然罗桑和家人住在简陋的房子里，但是他们觉得自己生活得很幸福，也一直特别感谢国家把这么好的政策带到这里来，密切关注着他们的生活，现在这里的每个人都有社保，每年还能收到一笔生态补偿款。罗桑一家都非常纯朴，热情好客，他们每次看到王伟强和同事都会绽放出灿烂的笑容，拿出自制的奶干塞给他们，临走的时候还一定让他们带回去给家人尝尝。

王伟强提到这里就是国家扶贫的一个缩影，即使是祖国边陲地区，扶贫工作都取得了如此显著的成效，这让王伟强和同事对脱贫攻坚取得全面胜利的信心更加坚定了。

提供技术援助，推动城市建设发展

除此以外，王伟强和同事还为拉萨的城市建设提供了技术援助，把其他地方好的经验和做法带到当地来。2020年9月，王伟强和同事邀请到全国知名的城市规建领域的专家，为当地的干部组织了一次专业培训，主要是介绍北京和其他地区先进的理念和做法，借助视频直播的形式，有1600多名干部参与了学习和培训。培训结束后，当地的干部在思想上有了一定的认识和提升，这便于后期在城市规划、建设、管理等具体实践中进行应用，对当地的城市发展起到了很好的促进作用。

感恩家人鼎力支持，完成青春奋斗梦想

刚刚接到援藏工作通知时，王伟强说他的内心其实是很纠结的。和很多人一样，无论是在书籍上还是电视上看到关于西藏的介绍，王伟强都对此心生向往。同时，王伟强也了解到了一批批的援藏工作者在雪域高原上不懈奋斗、奉献青春的故事，被他们的精神深深地感动着，也希望能像这些前辈一样，趁着年轻到祖国边疆、到祖国最需要的地方去贡献自己的力量。很幸运的是，在王伟强递交援藏申请之后单位很快就批准了，但王伟强开始担心家人的反对，尤其是妻子，她能同意吗？当时他们的孩子才6个月大。

带着妻子的心愿踏上援藏路

回家的路上，王伟强都在想如何跟妻子说这件事，想了一路，也纠结了一路。但回家后妻子的反应完全超出了他的预料，妻子痛快地说："我还以为是什么事呢。当年我大学毕业就特别想去支援西部，但是没有去成，所以一直有遗憾，你就当去帮我完成这个心愿，我一定会支持你的。"听完妻子的一番话，王伟强特别感动，给了她一个大大的拥抱。

有了妻子的支持，王伟强心中的压力减轻了一大半，但还要做父母的工作。王伟强的父母听到他要去援藏时，他们也比较支持："只要你们夫妻俩商量好了，我们肯定全力支持。"但是到了跟岳父岳母沟通的时候就遇到了一点儿问题，考虑到将来妻子一个人照顾孩子的艰辛，所以岳母不是特别理解王伟强夫妇俩的决定，当即就决定从老家赶到北京了解具体情况。

王伟强从车站接岳母回家，在路上岳母就悄悄地问他："孩子刚6个月，你跑这么远去工作，他们娘俩怎么办呀？要不，你跟单位说说咱不去了。"王伟强只默默地摇头，无法说出更多话。最后，还是妻子出马把岳母的思想工作给做通了，王伟强心里的石头也算是落地了。在王伟强来西藏的同时，他的母亲和岳母就赶来北京，一块儿帮着妻子照顾孩子，给他们这个小家庭提供了强大的后盾。因为有她们在，王伟强在拉萨工作得很安心。

把思念化作工作动力

不过，如愿抵达西藏后，还有更多挑战等待着王伟强去克服。不仅是身体上的高原反应，更有远离家乡对亲人的思念，尤其是独处的时候，这种感受更加强烈。

到拉萨两个月的时候，有一次王伟强和同事们一起去吃饭，其中一位同事看到饭店老板家的孩子跟自己家孩子年纪相仿，都是3岁左右，就问老板能不能抱一抱孩子。同事抱着孩子还不到一分钟，眼泪就下来了，在场的人心里都有一种说不出的滋味。为了排解思乡之情，援藏的同事们经常会聚在一起，互相支持打气。援藏的日子里，如果不忙，到了晚上，王伟强也会和家里人通过视频聊聊天，有时候也会写一写日记记录和表达对家人的思念。不过，每次和家人视频，王伟强的妻子总是温柔又坚定地鼓励他好好工作，多做贡献，他的母亲和岳母也一再让他放心家里……王伟强说每每想到家人给予了他如此大的支持，他的内心充满了感恩，也充满了工作动力。

父母要感恩国家，引导孩子向援藏人学习

一代代的援藏人，加上当地人民的努力，西藏才有了现在蒸蒸日上的景象。很多援藏的同事都放弃了在北京安稳的生活和陪伴家人的温馨时光，到祖国最需要的地方奉献自己的青春，投入了自己的精力和时间，齐心协力地把国家的政策落实到工作中。这些响应国家号召，在国家的建设过程中奉献青春、挥洒热血的人才应该是孩子学习的榜样。大力宣传援藏工作者的故事，引导孩子向他们学习，就是在培养孩子的家国情怀，让孩子把个人梦想融入到中华民族伟大复兴的梦想中，只有这样，他们才能承担起这个时代赋予他们的期待和重任。

另外，父母也应该成为孩子的榜样，对国家怀有感恩之心。来到拉萨，王伟强亲眼见证了国家在脱贫攻坚战中取得的胜利，也更加深刻地感受到了在中国共产党的领导下，人民的生活越来越幸福，对国家充满自豪感，也充满感恩之心。王伟强相信如果父母能感恩身边的人，感恩祖国，就能在日常生活的一言一行中影响孩子，带动孩子学会感恩。

第二十课
王雪梅：感恩教育是上行下效

受访人 | 王雪梅（北京市西城区新街口街道安平巷社区党委书记）

最好的家庭感恩教育，就是上行下效。感恩教育的传承力量润物细无声。北京市西城区新街口街道安平巷社区党委书记王雪梅始终牢记长辈们的教导，用行动践行帮助他人、回馈社会的准则，如今她又把这种准则传递给了下一代。

社区工作没有一天是不忙碌的。作为社区党委书记，王雪梅每天早晨八点多就开始了一天节奏紧张的工作，从开调度会、处理 12345 政务服务便民热线问题到开展基层党建工作，再到日常疫情防控、入户走访居民、解决邻里纠纷及突发事件等，甚至在采访当天下午，王雪梅还在抽空处理社区平房漏雨漏水问题。这就是社区工作——繁杂、琐碎、突发性高，做社区工作，绝对不愁没问题处理。

王雪梅似乎天然具备一种井然有序、条理清晰、干脆利落地解决问题的能力，即便在这样忙碌的工作氛围里。她在记事本里翔实清晰地记录了每一天甚至每一个小时的工作安排，不大的工作桌上整齐有序地摆放着各类办公用品，包括文件、书籍等。而工作区域一角的鱼缸里，一条小型热带鱼悠然游动，又显露出她内心对生活的一丝热爱。从王雪梅工作中的状态不

20堂家教课培养孩子的感恩心

难看出，这也是一位有能力把家庭打理得井井有条的女性。王雪梅自结婚后就与公婆同住，如今一家五口互敬互爱，被评为"首都最美家庭"。对此，她谦虚地表示，自己不过是一位平凡的"70后"，只是幸运地遇到了善解人意的先生、宽厚温和的公婆，还有个热心正直的儿子。她感恩五口之家中的每一位成员，也感恩从幼至今一直给予自己人生智慧的父母。温暖祥和的家庭氛围没有秘诀，唯有以善为美，传承感恩。

"喘息式服务"，让社区居民更懂感恩

安平巷社区是典型的平房社区，北京本地居民占比大，住房条件紧张，一家三代甚至四代人挤在同一个屋檐下的情况十分常见，生活质量不免受到影响。为了提升居民的生活幸福感，社区组织了平安爱心队，并下设5个小组，包括理发小组、伙食社、手作社、合唱队和舞蹈队。

"例如理发小组，我们社区对接专业的美容美发学校，同时邀请社区里懂得理发手艺的居民，每个月第一个周一来给居民理发。"王雪梅详细介绍道，"伙食社主要在节假日号召擅长厨艺的居民烹饪传统美食，然后给社区里的空巢老人送去。手作社则常帮居民修缮家里的八仙桌等老物件，另外手作社制作的鸽子哨名声在外，这种绑在鸽子脚上的小哨，如今鲜有人会做，因此引得很多人慕名而来。"

安平巷社区的一大特点是老弱病残人士较多，这类家庭往往需要至少一位家庭成员全天候专心照顾病人，以至于这位家属无法出门工作，无法拥有正常的社交生活。终日不出家门面

对病人，难免心情压抑，如若疏导不好，容易造成心理疾病，给家庭传递更大的负面影响。王雪梅表示，安平巷社区之所以成立平安爱心队，一是便于组织丰富多彩的社区活动，二是为了更好地服务这些全职照料家人的居民。她将这一项服务形象地称为"喘息式服务"，让这些居民能有更多机会走出家门，参与社交活动，从日复一日的繁重照料与琐碎家务中透口气、缓一缓。

"我们定期邀请这些居民来参与活动，比如包粽子、上音乐治疗课，或者推着家里的老人、病人一起去附近公园参与摄影活动。"王雪梅表示，这类活动一方面给居民提供了和外界交流的机会；另一方面也增进了社区邻里关系，让更多人学会感恩，学会尽己所能回馈社会，从而增强自身成就感。

社区理发小组就有这样一位居民，他原先在家照顾重残家人，参加过几次社区活动，后来随着条件变化，终于有机会走出烦琐的家务事，他很感谢社区的服务，加上自己懂理发手艺，于是报名参加理发小组，愿意尽自身之力帮助更多人。

"社区工作者的能力是有限的，可能我们没有办法提高居民的经济水平，改善居民家庭经济状况，但是我们希望通过这些互帮互助的社区活动，能让大家产生更多成就感，肯定自我价值。"王雪梅说。

做了20多年的社区工作，王雪梅对居民也时常怀有一颗感恩之心。"我们社区工作者，经常跟居民开玩笑说这么一句话，'如果这事办成了，不需要您感谢我们，因为这是我们的本职工作；如果这事办不成，也希望您别责怪'。"王雪梅表示，现在越来越多的人能理解这句话了，愿意跟社区工作人员进行良性沟通，特别是新冠肺炎疫情期间，有居民担心社区工作人员累着饿着，主动上门送吃的，这让王雪梅特别感动。

奋力冲在基层第一线，离不开家人的支持

"其实我先生原先对我的工作并不太认可。"王雪梅直言不讳地说，"但是一场疫情让他彻底改观。"同很多人一样，王雪梅的先生冯磊过去认为社区工作就是处理一些鸡毛蒜皮的邻里琐事，但是新冠肺炎疫情让他，也让更多中国人认识到了基层工作的重要价值和意义。

2020年春节前的腊月二十八，王雪梅刚做完一场手术，不料很快疫情全面暴发。因身体原因无法第一时间赶回基层一线的王雪梅，内心十分焦虑，因为社区的工作伙伴们基本都是"80后""90后"，没有2003年非典期间的社区工作经验，王雪梅担心他们的自身防护，也放心不下居民宣传工作。

在这一关键时刻，王雪梅的先生一改过去"家人有病先养病"的观点，跟她谈心："我知道你作为社区书记，身上有不可推卸的担子，但我也请你考虑自身身体状况，所以我把这个主动权交给你自己。如果你决定回去工作，家里照顾老人、孩子的事，放心交给我。"这番话让王雪梅备受鼓舞，没过多久就冲回基层第一线。疫情期间社区工作繁重，王雪梅甚至顾不上吃饭、休息，先生和儿子为了支持她工作，有时会从位于东城区的家里骑车到安平巷社区给她送饭。

谈及正在读初中的儿子冯昕昱，王雪梅坦言内心有愧，平

日社区工作太忙，她每天都将大量的时间扑在了工作上，对于儿子的成长却疏于顾及。特别是当她从他人口中得知，儿子最佩服的人正是自己时，内心百感交集。

为了增进亲子交流，同时也为了锻炼孩子的社交能力，王雪梅偶尔会带上冯昕昱一起参与到社区工作中，让他在与人交往的点滴细节中学会感恩，学会回馈。社区空巢老人做饭困难，也不方便外出就餐，社区会联系餐饮公司供餐，并挨家挨户给老人们送去。王雪梅就让冯昕昱在假期时参与到送餐任务中来。"起初他跟着我一起给社区的爷爷奶奶送，等他五六年级了，我突然发现有一天他可以领着比他自己更小的孩子去送餐，这是一种进步。"此外，冯昕昱喜欢京剧，2021年通过了京剧社会艺术水平二、三级的考试。这些年来，他一有机会就来社区给老人表演，既增进了与老人们之间的感情，又获得了表演成就感。

2021年春节期间，为了让垃圾分类的工作人员也能与家人团聚，冯昕昱主动提出承担正月初一到初四的"桶前值守"工作，成了一名小小守桶员。他不仅独自守桶，还有条不紊地完成守桶统计工作。原先在王雪梅心目中那个需要呵护与指导的儿子，如今已成长为懂得付出、服务他人、感恩社会的好少年。

感恩教育的传承力量，润物无声

谈及温馨和谐的家庭氛围，王雪梅笑言是自己幸运，生在了传输正能量的家庭，又遇到了晓理明义的好公婆。"我母亲从来没有把婆媳相处的任何负面信息传导给我，她一直教导我要记住公公婆婆的好，感恩他们对这个家庭的付出，对彼此不同的生活习惯要多包容。"王雪梅说道,"同时,公公婆婆对我也很包容,他们性格温和又很热心肠,特别是我婆婆,她是一位几乎不会跟别人发生正面冲突的人,就算生气了,也顶多说句'这事儿怎么能这么说呢?不能这么办啊'。而且她拿我当亲闺女,逢人就介绍我是她'闺女',所以和她相处,几乎不可能会发生什么冲突。"

在王雪梅看来,家里的长辈都是有人生智慧的人,只言片语便能化解难题与矛盾。因为社区工作繁杂,王雪梅有时不免会在家人面前抱怨几句工作辛苦,不想做了。母亲听了,没有直接接话,而是另起一句,说自己这辈子最骄傲的一件事就是从不伸手向丈夫拿钱。母亲用言传身教告诉王雪梅,身为女性,要学会自立;身为人,要学会坚持。她也让王雪梅明白,工作难,不过是人生漫漫征程上的一道小坎儿,如果在这一道坎儿前面停滞了、逃避了,后面则很难成功,因为人生遇到的下一个困难,很可能要比前一个更难。

王雪梅始终牢记并感恩长辈们的教导,他们用自己的人生经验告诉她如何克服困难、迈过坎坷、学会感激、回馈社会,鼓励她把工作做好,把家庭维系好。她说,最好的家庭感恩教育,其实就是上行下效。感恩教育的传承力量,润物细无声,如今她自己也在用实际行动教导儿子帮助他人、感恩社会。

"五口之家就是一个小社会,我和我先生作为中坚力量,就应该对上孝敬长辈,对下照顾孩子。这是社会给予我们的责任。尽好小家的责任,我们才能更有毅力和担当,去顾好社会这个大家庭。"王雪梅说道。

《20堂家教课培养孩子的感恩心》
课堂笔记

感恩，与爱同行

——2021年北京家庭教育主题培育实践倡议书

感恩是一种传统美德，也是一种生活态度。培育孩子永怀感恩之心，可以为孩子未来拥有优良品德、构建和谐有爱的社会关系、健康成长打好坚实的人生底色。北京市妇联、北京市教委向首都广大家庭发出如下倡议：

一、培育感恩美德。饮水思源，培育孩子心怀感恩之心，引导孩子知史爱党、知史爱国，增强民族自豪感和自信心，树立正确的世界观、人生观、价值观，坚定不移地听党话、跟党走，培养担当民族复兴大任的时代新人。

二、涵养感恩家风。知恩于心，注重言传身教，引导孩子在日常生活中孝老爱亲、尊师敬友，让感恩家风成为生活方式、生活常态，助力形成爱国爱家、相亲相爱、向上向善、共建共享的社会主义家庭文明新风尚。

三、践行感恩行动。与爱同行，引导孩子珍爱生命、爱护自然、热爱生活，从现在做起，从说一句"谢谢"做起，身体力行，在为家庭谋幸福、为他人送温暖、为社会做贡献的过程中，厚植"爱党爱国爱家"的家国情怀。

心怀感恩，我们在行动；与爱同行，让生活更美好！

扫码可观看《感恩，与爱同行》宣传片

《陪孩子走过3~6岁》

内容简介：

本书是为3~6岁孩子的父母提供的分年龄段育儿的实操指导，总结了各年龄段孩子的身心发展情况，从健康、安全地生活；爱学习，会学习；养成良好品行；家教小案例；智慧做父母；让家对孩子更友好等几大方面，针对养育的重点和难点问题给父母提供了必知必会的知识和实操建议。

本书附录还提供了"幼儿气质快速测查"和"幼儿多元智能快速测查"等实用工具，以便于父母在家庭中对孩子的状况进行观察，并有能力对一些常见的问题进行基本的处理。